VILLE DE PARIS

NCOURS INTERNATIONAL DE MUSIQUE 1912

VILLE DE PARIS

Concours International de Musique

Programme

des 26, 27, 28 Mai

1912

LA COMMISSION D'ORGANISATION DU CONCOURS.

1. M. César Caire.
2. M. Marchand.
3. M. Arthur Labie.
4. M. Brody.
5. M. Raphaël Falcou.
6. M. Henri Galli.
7. M. d'Audigné.
8. M. Audonnet.
9. M. Auguste Chapuis.
10. M. Antonin Chavanon.
11. M. Drouin.
12. M. Laurens.
13. M. André Gresse.
14. M. Laurent de Rillé.
15. M. Alph. Deville.
16. M. André Gent.

COMMISSION

d'organisation, de surveillance et de contrôle.

MM.

ALPH. DEVILLE, membre et ancien président du conseil municipal de la Ville de Paris, *président ;*

LAURENT DE RILLÉ, compositeur de musique, inspecteur général du chant du département de la Seine, *vice-président*

AUGUSTE CHAPUIS, inspecteur principal du chant dans les écoles de la Ville de Paris, *vice-président ;*

D'ANDIGNÉ, conseiller municipal ;

BÉDOREZ, directeur de l'enseignement primaire à la préfecture de la Seine ;

BRODY, représentant de la presse orphéonique ;

CÉSAR CAIRE, président de la 4e commission du conseil général de la Seine ;

CAMILLE CHEVILLARD, directeur de concerts ;

DROUIN, inspecteur du chant dans les écoles de la Ville de Paris;

RAPHAEL FALCOU, inspecteur en chef des beaux-arts de la Ville de Paris ;

HENRI GALLI, conseiller municipal ;

ANDRÉ GENT, conseiller municipal ;

ARTHUR LABIE, inspecteur des services administratifs et financiers de la Ville de Paris, *Trésorier ;*

ROGER LAMBELIN, conseiller municipal ;

MARCHAND, représentant de la presse orphéonique ;

HENRI MARÉCHAL, compositeur, inspecteur des écoles de musiques des départements ;

GABRIEL PARÈS, ancien chef de musique de la Garde républicaine ;

GABRIEL PIERNÉ, directeur de concerts ;

E. REBEILLARD, président de la commission d'enseignement et des beaux-arts du conseil municipal ;

PAUL VIDAL, chef d'orchestre de l'Opéra ;

CHARLES WIDOR, membre de l'Institut ;

LAURENS, inspecteur des beaux-arts de la Ville de Paris, *secrétaire ;*

AUDONNET, chef de cabinet du président du conseil général, *secrétaire adjoint ;*

ROGER DUCASSE, inspecteur du chant dans les écoles de la Ville de Paris, *secrétaire adjoint ;*

Mr ALPH. DEVILLE

Mr LAURENT DE RILLÉ

Mr AUGUSTE CHAPUIS

Photo Henri Manuel, Henri Manuel, Pierre Petit.

ADMINISTRATION DU CONCOURS

MM.

ANDRÉ GRESSE, compositeur de musique, *commissaire général ;*
ANTONIN CHAVANON, *secrétaire général ;*
GASTON COUAILLET, *secrétaire adjoint.*

COMITÉ D'HONNEUR

MM.

MASSENET, membre de l'Institut ;
CAMILLE SAINT-SAENS, membre de l'Institut ;
ÉMILE PALADILHE, membre de l'Institut ;
THÉODORE DUBOIS, membre de l'Institut ;
GABRIEL FAURÉ, membre de l'Institut ;
CHARLES WIDOR, membre de l'Institut ;
JAN BLOCKX, directeur du Conservatoire d'Anvers ;
JEAN BOLZONI, directeur du Conservatoire de Turin ;
GUSTAVE CHARPENTIER, compositeur ;
CLAUDE DEBUSSY, compositeur ;
SIR EDWAR ELGAR, compositeur de musique, Angleterre ;
CAMILLE ERLANGER, compositeur ;
VINCENT D'INDY, compositeur, directeur de la Schola Cantorum ;
CHARLES LECOCQ, compositeur ;
XAVIER LEROUX, compositeur, professeur au Conservatoire ;
ANDRÉ MESSAGER, compositeur, directeur de l'Opéra ;
GIACOMO PUCCINI, compositeur ;
EDG. TINEL, directeur du Conservatoire de Bruxelles.

DÉLÉGUÉS ÉTRANGERS

Alsace-Lorraine :

MM.

A. OBERDOERFFER, professeur de musique, Strasbourg ;
PROSPER SUITER, chef d'orchestre, Haguenau ;
MARCEL JULY, presse orphéonique, Strasbourg.

Angleterre :

H. BONNAIRE, 20, High Holborn, Londres W. C.

Belgique :

N. DANEAU, directeur de l'Académie de musique, Tournai.

J. MASSENET

C. SAINT-SAENS

CH. WIDOR

Photos Henri Manuel.

Grand-Duché de Luxembourg :

G. A. MULLER, directeur et compositeur de musique, Luxembourg.

Hollande :

Henri VÖLLMAR, professeur au Conservatoire royal de La Haye.

Italie :

BOLZONI, directeur du Conservatoire de Turin.

Suisse :

A. JATON, président de l'Union instrumentale, Lausanne.

JURY SUPÉRIEUR

MM.

Charles WIDOR, membre de l'Institut, *président* ;

G. BALAY, chef de musique de la Garde républicaine ;

Aug. CHAPUIS, compositeur, inspecteur principal du chant dans les écoles de Paris ;

Camille CHEVILLARD, professeur au Conservatoire, directeur de concerts ;

DROUIN, inspecteur du chant dans les écoles de la Ville de Paris ;

J. D'ESTOURNELLES de CONSTANT, chef du bureau des théâtres au ministère des Beaux-Arts ;

Henri FÉVRIER, compositeur ;

FRANQUIN, professeur au Conservatoire ;

Louis GANNE, compositeur ;

André GEDALGE, compositeur, professeur au Conservatoire ;

Eug. D'HARCOURT, compositeur, chef d'orchestre ;

Laurent de RILLÉ, compositeur, inspecteur général du chant du département de la Seine ;

Henri MARÉCHAL, compositeur, inspecteur des écoles de musique des départements ;

Gabriel PARÈS, ancien chef de musique de la Garde républicaine ;

Gabriel PIERNÉ, compositeur, directeur de concerts ;

Georges SPORCK, compositeur ;

De la TOMBELLE, compositeur ;

Dr VALOMBROSA, compositeur ;

Paul VIDAL, compositeur, chef d'orchestre de l'Opéra.

INSPECTEURS PRINCIPAUX DU CONCOURS

MM. DEFAUX
CHARLES
LAURENS

INSPECTEURS DU CONCOURS

MM. BRIANCHON
MORLOT
CHEMIN
CHARLES
PIETTRE
JOURDAN
FERREYROLE

TOURNOI
Sociétés participantes

The Mortorgueil Juvénile (orchestre). Londres

Military Band of the City of Westminster, Angleterre.

Mandolinen-Orchester " Fracca", de Zürich (Suisse).

Les Disciples de Grétry, de Liége (Belgique), 200 exécutants.

Le Choral mixte de Leeds et Sheffield (Angleterre), 300 exécutants.

M. Monvoisin, directeur du journal *l'Orphéon*, a mis gracieusement son journal à la disposition de la Commission.

VILLE DE PARIS

CONCOURS INTERNATIONAL DE MUSIQUE

AUDITION

Dimanche 26 Mai à 8 h. 1/2 du soir

SALLE DU TROCADÉRO

INVITATION

790 P. L.

Ville de Paris

CONSEIL MUNICIPAL

CONCOURS INTERNATIONAL DE MUSIQUE

GRAND CONCERT CHORAL & INSTRUMENTAL

PLACE DE L'HOTEL-DE-VILLE

Dimanche soir 26 mai 1912

ESTRADE. — Façade de l'Hôtel de Ville.

CARTE VALABLE POUR UNE SEULE PERSONNE

Le Syndic du Conseil municipal,

ENTRÉES PAR LA RUE LOBAU à **8 h. 3/4 du soir.**

(Portes côté Seine et côté Rivoli.)

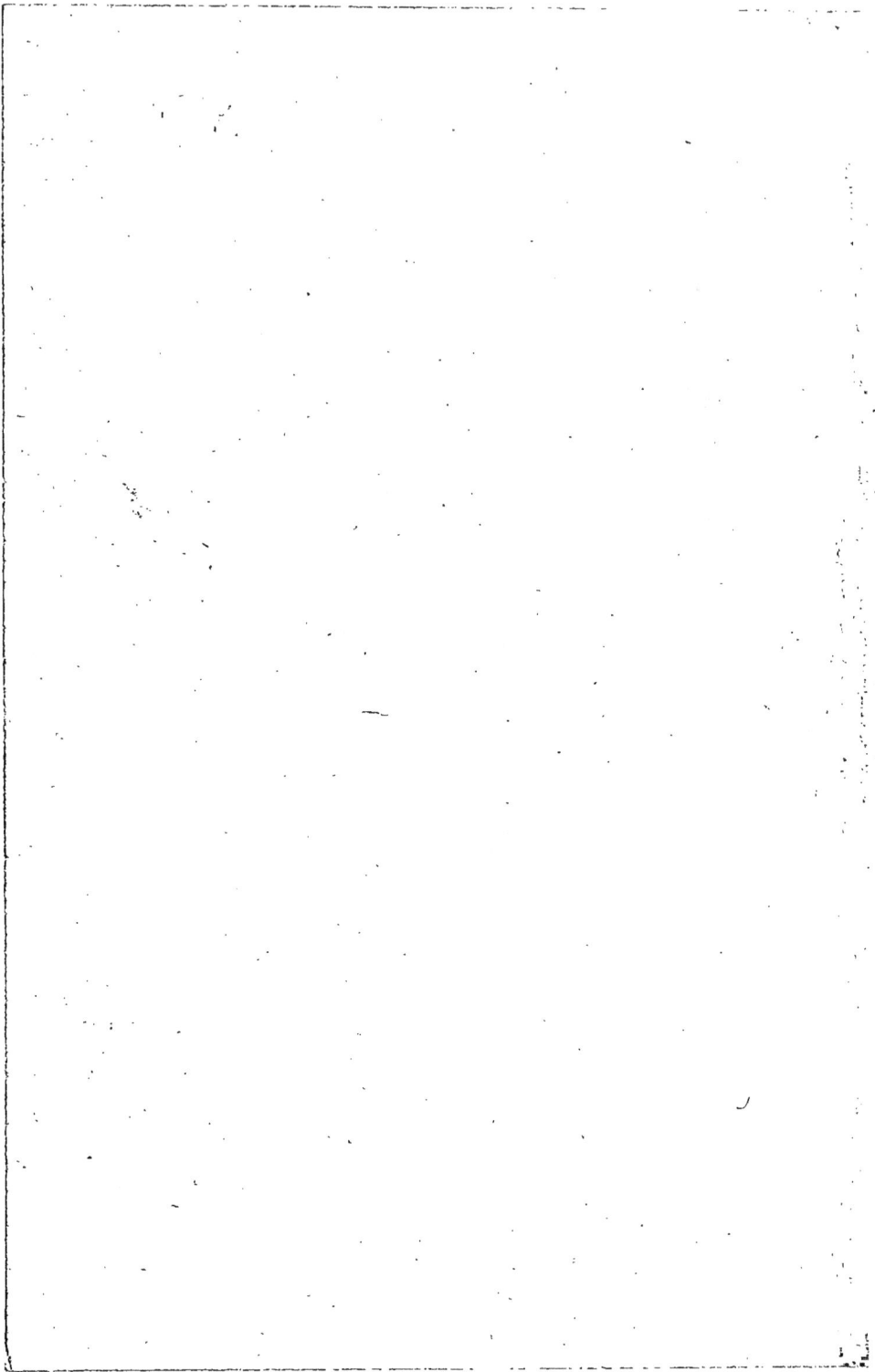

PROGRAMME
DU CONCOURS & DES FÊTES

Samedi 25 Mai

Ouverture par une retraite aux flambeaux.

Dimanche 26 Mai

Commencement des épreuves du Concours instrumental, 9 heures du matin

5 heures
GYMNASE HUYGHENS (audition payante)

Concert donné par la Fanfare "La Sirène".

Commencement des épreuves du Concours instrumental, 9 heures du matin.

8 h. ½ du soir
1° — SALLE DU TROCADERO (auditions payantes)

Concours entre les lauréats des 1ers prix des Harmonies pour l'obtention du grand prix de 10 000 francs, et audition artistique par ces mêmes sociétés.

2° — SALLE DES HORTICULTEURS, RUE DE GRENELLE
(auditions payantes)

Audition des lauréats des divisions d'excellence et supérieure des Symphonies et Estudiantinas.

3° — GYMNASE HUYGHENS (auditions payantes)

Audition du lauréat du grand prix de la catégorie des Fanfares, division d'excellence, et du 2e prix de la division d'excellence des Fanfares de Paris et du département de la Seine.

4° — GYMNASE VOLTAIRE (auditions payantes)

Audition du 1er prix de la division d'excellence des Fanfares de Paris et du département de la Seine, et des lauréats de la division d'excellence des Fanfares, autres que les 1ers prix.

9 h. ½ du soir (auditions publiques)

Grand concert choral et instrumental place de l'Hôtel de Ville, auquel prendront part le choral mixte de Leeds et Sheffield, 350 exécutants, sous la direction du Dr Coward, avec accompagnement d'un orchestre de 80 exécutants, et un certain nombre de sociétés inscrites au Tournoi.

2

Lundi 27 Mai

9 heures du matin

Commencement des épreuves du concours choral.

2 heures

Audition publique suivant le tableau ci-après :

1er ARR. JARDIN DU PALAIS-ROYAL

Audition des lauréats de la division d'excellence des Harmonies, autres que les 1ers prix.

2e ARR. PLACE DE LA BOURSE

Audition des lauréats des Fanfares, 1re division, 2e section.

3e ARR. SQUARE DU TEMPLE

Audition des lauréats de la 1re division, 1re section, et du 2e groupe de la 2e division, 1re section des Fanfares.

3e ARR. SQUARE DES ARTS-ET-MÉTIERS

Audition des lauréats du 1er groupe de la 2e division, 1re section des Fanfares.

4e ARR. PLACE DES VOSGES

Audition des lauréats des sociétés alsaciennes-lorraines, de la catégorie instrumentale.

5e ARR. ARÈNES DE LUTÈCE

Audition des lauréats du 2e groupe de la division supérieure des Harmonies.

6e ARR. SQUARE DU BON MARCHÉ

Audition des lauréats de la 2e division, 2e section des Fanfares.

7e et 8e ARR. ESPLANADE DES INVALIDES

Audition des lauréats des deux premiers groupes de la 3e division, 1re section des Fanfares.

9e ARR. SQUARE D'ANVERS

. Audition des lauréats du 1er groupe de la 3e division, 2e section des Fanfares, et du 2e groupe de la 3e division, 1re section des Harmonies.

11e ARR. SQUARE TROUSSEAU

Audition des lauréats du 3e groupe de la 3e division, 2e section des Fanfares, du 1er groupe de la 3e division, 3e section des mêmes, et de ceux de la 1re division, 2e section des Harmonies.

12e ARR. PLACE DE LA NATION

Audition des lauréats de la division supérieure des Fanfares.

13ᵉ ARR. PLACE D'ITALIE

Audition des lauréats du 1ᵉʳ groupe de la 2ᵉ division, 1ʳᵉ section des Harmonies, et du 2ᵉ groupe de la 3ᵉ division, 3ᵉ section des Fanfares.

14ᵉ ARR. PARC MONTSOURIS

Audition des lauréats du 3ᵉ groupe de la 3ᵉ division, 3ᵉ section des Fanfares et de la division d'excellence des Trompettes.

14ᵉ ARR. SQUARE DE MONTROUGE

Auditions des lauréats du 2ᵉ groupe de la 2ᵉ division, 1ʳᵉ section des Harmonies.

15ᵉ ARR. PLACE DE VAUGIRARD

Audition des lauréats de la 2ᵉ division, 2ᵉ section des Harmonies, et du 4ᵉ groupe de la 3ᵉ section des Fanfares.

15ᵉ ARR. CHAMP DE MARS

Audition des lauréats de la 1ʳᵉ division, 1ʳᵉ section des Harmonies.

15ᵉ ARR. PLACE CAMBRONNE

Audition des lauréats du 3ᵉ groupe de la 3ᵉ division, 1ʳᵉ section des Fanfares.

15ᵉ Arr. PLACE DU COMMERCE

Audition des lauréats de la division supérieure des Trompettes.

16ᵉ ARR. PLACE DE PASSY

Audition des lauréats du 1ᵉʳ groupe de la 3ᵉ division, 1ʳᵉ section des Harmonies.

17ᵉ ARR. PARC MONCEAU

Audition d'un groupe de sociétés inscrites au Tournoi.

17ᵉ ARR. SQUARE DES ÉPINETTES

Audition des lauréats du 1ᵉʳ groupe de la division supérieure des Harmonies.

17ᵉ ARR. SQUARE DES BATIGNOLLES

Audition des lauréats du 5ᵉ groupe de la 3ᵉ division, 3ᵉ section des Fanfares.

18ᵉ ARR. SQUARE CARPEAUX

Audition des lauréats de la division supérieure des Tambours et Clairons.

18ᵉ ARR. SQUARE HÉBERT

Audition des lauréats du 2ᵉ groupe de la 3ᵉ division, 2ᵉ section des Fanfares.

19ᵉ ARR.   PARC DES BUTTES-CHAUMONT

Audition des lauréats de la 3ᵉ division, 2ᵉ section des Harmonies, et de la division supérieure des Trompes de chasse.

19ᵉ ARR.   PLACE DE L'ARGONNE

Audition des lauréats de la division d'excellence des Tambours et Clairons.

20ᵉ ARR.   SQUARE TENON

Audition des lauréats de la division d'excellence des Trompes de chasse.

Lundi 27 Mai

3 heures

JARDIN DES TUILERIES (auditions payantes)

AUDITIONS ARTISTIQUES PAR :

1º "The Montorgueil Juvenile String" Orpheonist (orchestre), de Londres ;

2º The Military Band of the City of Westminster, de Londres ;

3º Mandolinen Orchestra "Fracca", de Zurich ;

4º Une musique militaire française ;

5º Un groupe d'enfants (écoles anglaises, autres que celles de Londres).

5 h. ½

RÉUNION DE TOUTES LES SOCIÉTÉS

Proclamation solennelle des grands prix, sous la présidence de M. le Président de la République, des membres du gouvernement et de la municipalité.

Exécution, par toutes les sociétés d'excellence réunies, des morceaux imposés au concours : 1º Chorales hommes ; 2º Harmonies ; 3º Fanfares.

6 h. ½

Départ du défilé. Itinéraire : Jardin des Tuileries, place de la Concorde, rue de Rivoli, place de l'Hôtel-de-Ville, quai de l'Hôtel-de-Ville, place Lobeau, rue de Rivoli (à droite), rue Saint-Antoine, place de la Bastille, dislocation.

9 heures du soir

SALLE DU TROCADÉRO (auditions payantes)

Audition des sociétés chorales hommes, division d'excellence (lauréats du grand prix de 10 000 francs et des autres 1ᵉʳˢ prix).

SALLE WAGRAM (auditions payantes)

Audition des lauréats de la division d'excellence des chorales dames.

SALLE DES HORTICULTEURS, RUE DE GRENELLE
(auditions payantes)

Audition des lauréats des chorales mixtes, avec et sans accompagnement de la division d'excellence.

GYMNASE HUYGHENS (auditions payantes)

Audition des lauréats autres que les 1ers prix des deux groupes de la division d'excellence des chorales hommes.

9 h. ½

GYMNASE VOLTAIRE (auditions payantes)

Audition des lauréats de la division supérieure des chorales hommes.

PLACE DE L'HOTEL-DE-VILLE

Grand concert choral et instrumental par toutes les sociétés inscrites au Tournoi.

Mardi 28 Mai

9 heures du matin

THÉATRE DU CHATELET (auditions payantes)

Concours des enfants des écoles de la ville de Londres et des Ecoles communales de la ville de Paris (1000 exécutants).

Concours des enfants des écoles d'Angleterre, autres que celles de la ville de Londres, et de ceux du département de la Seine (1000 exécutants).

2 h. ½

THÉATRE DU CHATELET (auditions payantes)

Audition des lauréats des chorales mixtes avec et sans accompagnement des divisions supérieures.

2 h. ½

THÉATRE DE LA GAITÉ (auditions payantes)

Audition des lauréats des chorales de dames de la 1re division, et des "Disciples de Grétry" du Tournoi.

2 h. ½

THÉATRE SARAH-BERNHARDT (auditions payantes)

Audition des lauréats des 2e et 3e groupes de la division supérieure de chorales hommes.

— 13 —

2 h. ½

TROCADÉRO (auditions payantes)

Audition des lauréats autres que les 1ers prix des deux groupes des chorales mixtes sans accompagnement, division d'excellence et de l'"Artistique" de Montmartre.

2 h. ½

SALLE DES HORTICULTEURS (auditions payantes)

Audition des lauréats de la 1re division, 1re section des chorales hommes.

2 h. ½

SALLE BULLIER (auditions payantes)

Audition des lauréats de la 1re division, 2e section des Orphéons hommes et de la 2e division, 1re section, 1er groupe des mêmes.

3 heures

JARDIN DES TUILERIES (auditions payantes)

Audition des enfants des écoles d'Angleterre, de Paris et du département de la Seine, de l'Orphéon municipal, de la musique de la Garde républicaine, de musiques militaires anglaises, des lauréats des Orphéons hommes des 2e et 3e groupes de la 2e division, 1re section, des 1er et 2e groupes de la 2e division, 2e section, de la 3e division, 1re section, de la 3e division, 2e section, et de la 3e division, 3e section, soit 5000 exécutants.

8 heures du soir

TROCADÉRO (auditions payantes)

Chorale mixte de Leeds et Sheffield, 350 exécutants, avec accompagnement d'orgue, sous la direction du Dr Coward.

Concours n° 1

GYMNASE HUYGHENS, RUE HUYGHENS (14ᵉ Arr.)

Catégorie des Orphéons (Hommes)

DIVISION D'EXCELLENCE

Grand Prix de 10 000 francs, du Président de la République

GROUPE A

Jury : MM. C. SAINT-SAENS, *président ;* SIR EDWARD ELGAR, LE BORNE, H. FÉVRIER, R. PECH; CH. LEVATÉ; DE LA TOMBELLE, *secrétaire.*

Commissaire désigné par l'Administration : M. MARCHAL.

1ᵉʳ **Prix : 5 000 francs.**

2ᵉ **Prix : 3 000 —**

MORCEAU IMPOSÉ

Aux Aviateurs . . . . de CAMILLE SAINT-SAENS.

SOCIÉTÉS ET MORCEAUX DE CHOIX

Nᵒ	Sociétés	Villes	Exéc.	Directeurs
1	Avenir Narbonnais. *Le Sommeil de la Gaule.* Maréchal.	Narbonne (Aude).	175	M. Nussy-Verdié Marcellin.
2	Union Chorale. *Le Festin.* L. de Rillé.	Salon (B.-du-R.).	110	M. Reynier.
3	Sainte-Cécile. *Les Voix de la Nature.* Th. Dubois.	Angers (Maine-et-Loire).	90	C. Fichet.
4	London Welsh Male Choir. *The Phamton Host.* Fred Hegar.	Londres (Angleterre).	120	M. Ganmor Morgan.
5	Stourb. Inst. Male Voice Choir. *The Reveille (Le Réveil).* Edward Elgar.	Stourbridge (Angleterre).	60	Harry Woodall
6	Swansea District Male Choir. *The Reveille (Le Réveil).* Edward Elgar.	Swansea.	120	Llewellyn R. Bowen.

Concours n° 2

GYMNASE JAPY, BOUL. VOLTAIRE (11e Arr.)

Catégorie des Orphéons (Hommes)

DIVISION D'EXCELLENCE

GROUPE B

Jury : MM. Pierné, *président ;* Tournemire, X. Leroux, H. Büsser, Delmas, de l'Opéra, Mouliérat ; Darcieux, *secrétaire.*

Commissaire désigné par l'Administration : M. Duglas.

1er Prix : **5 000** francs.
2e Prix : **3 000** —

MORCEAU IMPOSÉ

Aux Aviateurs .... de Camille Saint-Saens.

SOCIÉTÉS ET MORCEAUX DE CHOIX

No	Sociétés	Villes	Exéc.	Directeurs
1	Instit. Chant. de Prague. *Chansons des Marins.* B. Smetana.	Prague (Autriche).	50	F. Spilka.
2	Choral Nadaud. *La Chanson des Vagues.* Riga.	Roubaix (Nord).	230	J. Duysburg.
3	Lyre Havraise. *Carnaval de Rome.* A. Thomas.	Le Havre (Seine-Inf.)	180	Belloncle.
4	Orphéonistes St-Quentinois.	Saint-Quentin (Aisne).	110	
5	Southport Vocal Union. *Feasting I watch.* E. Elgar. *The Shadow of Death.* Max Bruch. *The Long Day closes.* A. Sullivan.	Southport (Angleterre).	60	J.-C. Clarke.

Concours spécial

des Sociétés de Paris et du département de la Seine

1er Prix : **2 000** francs.
2e Prix : **1 000** —

MORCEAU IMPOSÉ

Aux Aviateurs .... de Camille Saint-Saens

SOCIÉTÉ ET MORCEAUX DE CHOIX

1	Les Enfants de Paris. *La Forêt.* Th. Dubois.	Paris.	90	Walter.
2	Cercle Choral Parisien. *Les Villes mortes.* H. Maréchal.	Paris.	91	Durand.

Concours n° 3

GALERIE DES CHAMPS-ÉLYSÉES,
55, RUE DE PONTHIEU (8e Arr.)

Catégorie des Orphéons (Femmes)

DIVISION D'EXCELLENCE

Jury : MM. THÉODORE DUBOIS, *président ;* ARTHUR FAGGE, PALADILHE, CAZENEUVE ; DEVAUX, *secrétaire.*
Commissaire désigné par l'Administration : M. LIROT.

1er Prix : **3 000** francs.
2e Prix : **2 000** —

MORCEAU IMPOSÉ

Les Exilées .... de LAURENT DE RILLÉ.

SOCIÉTÉS ET MORCEAUX DE CHOIX

N°	Sociétés	Villes	Exéc.	Directeurs
1	The Irish Ladies Choir.	Dublin (Irlande).	30	Cosslett-Heller.
	1 *Oft in the Stilly Night.* T.-R.-S. Joy.			
	2 *Savourneen Dheelish.* T.-R.-S. Joy.			
2	Farmer Rd : Girls Choir Leyton.	Leyton (Angleterre).	50	Margaret Nicholls.
	Fly Singing Bird. E. Elgar.			
	Sunbeams. Landon Ronald.			
3	Blackpool Orpheus Glee Society.	Blackpool (Angleterre).	40	Clifford Higgin
	Snow. E. Elgar.			
	Rest thee on this mossy pillow. H. Smart.			
4	Manchester Vocal.	Manchester (Angleterre).	40	H. Whittaker.
	On Himalay. Granville Bantock.			
	Cold Winter, villain that thou art. Cl. Debussy.			
5	Mrs Mary Laytons Ladies Choir.	Londres (Angleterre).	40	Miss M. Layton
	The Nightingale. Th. Weelkes.			
	Ave Maria. F. Machetta.			
6	Padiham Ladies Choir.	Padiham (Angleterre).	40	Mrs E. Hitchon
	The Spinning Chorus. Richard Wagner.			
7	Gitana Ladies Choir.	Birkenhead (Angleterre).	60	J. Albert Jones.
	The Indian Bride. Percy E. Fletcher.			

Concours n° 4

Catégorie des Chorales mixtes sans accompagnement
DIVISION D'EXCELLENCE

Jury : MM. Aug. CHAPUIS, *président ;* GRESSE, de l'Opéra, Dr COWARD, D'ESTOURNELLES DE CONSTANT ; TORCHET, *secrétaire.*

Commissaire désigné par l'Administration : M. LEMOINE.

1er Prix : **5 000** francs. — 2e Prix : **3 000** francs.

3e Prix : **1 500** francs.

MORCEAU IMPOSÉ

Les Deux Ménétriers............. de AUGUSTE CHAPUIS.

SOCIÉTÉS ET MORCEAUX DE CHOIX

N°	Sociétés	Villes	Exéc.	Directeurs
1	The Smallwood Metcalfe Choir.	Londres (Angleterre).	126	W. Smallwood Metcalfe Esq.
	Moonlight. Eaton Faning.			
	The Hundred Pipers. W.-S. Rodclie.			
2	Manchester Vocal Society.	Manchester (Angleterre).	60	H. Whittaker.
	Love Song. J. Brahms.			
	A June Rose Bloomed. S. Coleridge Taylor.			
3	La Lyre.	Douai (Nord).	200	P. Allouchery.
	Symphonie Religieuse. Bourgault-Ducoudray.			
4	Melton Mowbray Choral Society.	Melton (Angleterre).	45	W. Warner.
	My love dwelt in a northen Land. E. Elgar.			
	The Golden Legend. A. Sullivan.			
5	Halifax Madrigal Society.	Halifax (Angleterre).	90	H. Shepley.
	1 *Hard by a crystal fountain.* Th. Morley.			
	2 *Morning song of Praise.* Max Bruch.			
	3 *The Leprehaun.* Granville Bantock.			
6	Glascow Choral Union.	Glascow (Angleterre).	191	H. Verbrugghen.
	1 *The Surrender of the soul to ever lasting love.* P. Cornelius.			
	2 *Fire fire my heart.* Morley.			
	3 *Is there a nation so Elect ?* J. Bramhs.			
7	A Capella Gantois.	Gand (Belgique).	35	E. Hullebroeck
	Credo de la Missa Papæ Marcelli. G.-J. da Palestrina. (1524-1594).			

Concours spécial
Catégorie des Chorales mixtes sans accompagnement

1er Prix : **1 000** francs. — 2e Prix : **500** francs.

MORCEAU IMPOSÉ

Les Deux Ménétriers............. de AUGUSTE CHAPUIS.

SOCIÉTÉ ET MORCEAU DE CHOIX

1	Les Enfants de Lutèce.	Paris.	80	Gémont.
	La Bataille de Marignan. Jennequin.			

Concours n° 5

Catégorie des Chorales mixtes avec accompagnement
DIVISION D'EXCELLENCE

Jury : MM. SPORCK, *président ;* DANEAU, Mme LITVINNE, CASADESSUS ; DROUIN, *secrétaire.*
Commissaire désigné par l'Administration : M. PARIS.

1er Prix : 5 000 francs.— 2e Prix : 3 000 francs
MORCEAU IMPOSÉ

Hulda (Chœur des Matelots)......... de CÉSAR FRANCK.

SOCIÉTÉS ET MORCEAUX DE CHOIX

No	Sociétés	Villes	Exéc.	Directeurs
1	The Edward Mason Choir.	Londres (Angleterre).	100	Edw. Mason.

Choral Hymns from the Rig Veda. Gustav von Holst.

No	Sociétés	Villes	Exéc.	Directeurs
2	Union Chorale.	Gosselies (Belgique).	108	Florent Laurent

Fragment des Indes Galantes (Adoration du Soleil). Rameau.

DIVISION SUPÉRIEURE
Jury : Voir ci-dessus.

1er Prix : 2 500 francs. — 2e Prix : 1 500 francs
MORCEAU IMPOSÉ

La Chanson du Charbonnier........ de AUGUSTE CHAPUIS.

SOCIÉTÉS ET MORCEAUX DE CHOIX

No	Sociétés	Villes	Exéc.	Directeurs
1	St. James Glee Party.	Londres (Angleterre).	30	J.-S. Marshall.

Excelsior. M.-W. Balfe.
Sir Galahad. R. Boughton.

No	Sociétés	Villes	Exéc.	Directeurs
2	Newport United Choir.	Newport (Angleterre).	120	M. J. Stephens.

The Sea hath its' Pearls. C. Ruants.

Concours spécial
des Sociétés de Paris et du département de la Seine
1er Prix : 1 000 francs. — 2e prix : 500 francs
MORCEAU IMPOSÉ

Hulda (Chœur des Matelots)......... de CÉSAR FRANCK.

SOCIÉTÉ ET MORCEAU DE CHOIX

	Sociétés	Villes	Exéc.	Directeurs
1	Galin-Paris-Chevé.	Paris.	60	Marcilly.

La Damnation de Faust. Berlioz.

Concours n° 6

Catégorie des Orphéons (Femmes)
DIVISION SUPÉRIEURE

Jury : MM. ROUGNON, *président ;* KLEIN, Mme MINNIE TRACEY, Mme SUREAU BÉLLÉT ; M. HAECK, *secrétaire.*

Commissaire désigné par l'Administration : M. BRENDER.

1er Prix : **1 500** francs.

2e Prix : **1 000** —

MORCEAU IMPOSÉ

Beautions Morn .... de EDWARD GERMAN.

SOCIÉTÉS ET MORCEAUX DE CHOIX

N°	Sociétés	Villes	Exéc.	Directeurs
1	Birmingham Ladies Choir.	Birmingham (Angleterre)	20	

The Pixies. S. Coleridge Taylar.
Gentle Spring. Joseph Hollwook.

| 2 | Miss F. Etlinger Ladies Choir. | Londres (Angleterre.) | 16 | F. Etlinger. |

Le Marchand de Sable. Gustave Ferrari.
The Lord is my Shepherd. Franz Schubert.

| 3 | Newport Ladies Choir. | Newport (Angleterre). | 60 | J. Stephens. |

To Primroses. Henry Hiles.

| 4 | Triphena Ladies Choir. | Penrith (Angleterre). | 30 | Miss Thomson. |

Sound Sleep. R. Vaughan Williams.
Urchins and Elves. E. Walker.
The Spanish Gipsy Girl. E. Lassen.

| 5 | Liverpool Village Choir. | Liverpool (Angleterre). | 50 | R.-T. Edwards |

The Snow. E. Elgar.
Comrades Song of hope. A. Adam.

| 6 | Bangor Ladies Choir. | Bangor (Angleterre). | 35 | Th. Thomas. |

The Gipsis laughing Chorus. Stephen Glover.

Concours n° 7

Catégorie des Orphéons (Hommes)
DIVISION SUPÉRIEURE
GROUPE A

Jury : MM. P. GAILHARD, *président ;* Dr MAC NAUGHT, GANAYE,
F. RUHLMANN ; CARETTE, *secrétaire.*
Commissaire désigné par l'Administration : M. SANTI.

1er **Prix** : 2 500 francs.

2e **Prix** : 1 800 —

3e **Prix** : 1 000 —

MORCEAU IMPOSÉ

Les Cavaliers de la Nuit .... de LAURENT DE RILLÉ.

SOCIÉTÉS ET MORCEAUX DE CHOIX

No	Sociétés	Villes	Exéc.	Directeurs
1	Les Enfants de Provence. *Scènes Tartares.* L. de Rillé.	Aix (Bouches-du-Rhône)	52	A. Laugier.
2	Wavertree Imp. Glee Union.	Liverpool (Angleterre).	50	David Green.
3	Les Ouvriers Réunis. *Foi.* Th. Radoux.	Gand (Belgique).	140	E. Stevens.
4	Lyre Tarbéenne. *Brunehaut.* J. Hansen.	Tarbes (Hautes-Pyrénées)	108	L. Bordérès
5	Morley Vocal Union. *I wish to tune my quivering lyre.* S.-S. Wesley. *(Je veux faire résonner ma lyre frissonnante.)*	Morley (Angleterre).	50	Sam Smith.
6	Union Chorale. *Germinal.* Riga.	La Bouverie (Belgique).	172	A. Harnould.
7	Excelsior Male Voice Choir. *After many a dusty mile.* E. Elgar. *The Beleaguered.* A. Sullivan.	Hartlepool (Angleterre).	50	A. Smith B.A

Concours n° 8

SALLE DES FÊTES DU "JOURNAL",
100, RUE DE RICHELIEU (2e Arr.)

Catégorie des Orphéons (Hommes)
DIVISION SUPÉRIEURE
GROUPE B

Jury : MM. GUSTAVE CHARPENTIER, *président ;* LUZZATTI,
G. PAULIN, BROCHE ; GRUYER, *secrétaire.*
Commissaire désigné par l'Administration : M. FAGAULT.

1er Prix : **2 500** francs.
2e Prix : **1 800** —
3e Prix : **1 000**

MORCEAU IMPOSÉ

Les Cavaliers de la Nuit............. de LAURENT DE RILLÉ.

SOCIÉTÉS ET MORCEAUX DE CHOIX

N°	Sociétés	Villes	Exéc.	Directeurs
1	Choral " Les 30 ". *La Chanson des Vagues.* Riga.	Lille (Nord).	45	Camille Stien.
2	Chorale Gaetano Donizetti. *I cavati per la patria.* Fred Hegar.	Milan (Italie).	50	C. Mattioli.
3	York Male Voice Choir. *I wish to tune my quivering lyre.* S.-S. Wesley. *(Je désire faire vibrer ma frissonnante lyre.)*	York (Angleterre).	40	H.S. Wilkinson
4	The Wren Male Choir. *Give a Rouse.* Granville Bantock. *O Peaceful Night!* Ed. German.	Camberwell, Londres.	50	J.-C. French.
5	Orphéon de Tours. *Joyeux Matin.* Laurent de Rillé.	Tours (Indre-et-Loire).	75	M. Sartel.
6	Orphéon des Mines de Dourges. *La Chanson des Vagues.* Riga.	Hénin-Liétard (P.-de-C.)	96	Flor. Morel.

Concours n° 9

SALLE DES AGRICULTEURS, 8, RUE D'ATHÈNES
(9e Arr.)

Catégorie des Orphéons (Hommes)
DIVISION SUPÉRIEURE
GROUPE C

Jury : MM. LAURENT DE RILLÉ, *président* ; DAVID DE ANTA, ALBERS, PIFFARRETTI ; R. DOIRE, *secrétaire.*
Commissaire désigné par l'Administration : M. JACQUEMIN.

1er Prix : **2 500** francs.
2e Prix : **1 800** —
3e Prix : **1 000** —

MORCEAU IMPOSÉ

Les Cavaliers de la Nuit . . . . de LAURENT DE RILLÉ.

SOCIÉTÉS ET MORCEAUX DE CHOIX

No	Sociétés	Villes	Exéc.	Directeurs
1	Habergham Glee Union.	Burnley (Angleterre).	50	E. Hitchon.
	The Reveille (*Le Réveil*). Edward Elgar.			
2	Orphéon Asturiano.	Gijon (Espagne).	80	J. Fernandez.
	Le Festin. Laurent de Rillé.			
3	Union Chorale Caroloróg.	Charleroi (Belgique).	120	L. Laurent.
	La Chanson des Vagues. Riga.			
4	Les Enfants d'Aiguesmortes.	Aiguesmortes (Gard).	41	H. Jeanjacques.
	L'Orgie romaine. Laurent de Rillé.			
5	Chorale des Amis Réunis.	Saint-Etienne (Loire).	73	L. Lefebvre.
	La Grande Route. F.-A. Gevaert.			
6	Chorale Vincenzo Bellini.	Ferrare (Italie).	50	Gino.
	Coro a Fresco baldi di Veneziani. Vittore.			

Concours spécial

des Sociétés de Paris et du département de la Seine

1er Prix : **800** francs.
2e Prix : **600** —

MORCEAU IMPOSÉ

Les Cavaliers de la Nuit . . . . de LAURENT DE RILLÉ.

SOCIÉTÉS ET MORCEAUX DE CHOIX

No	Sociétés	Villes	Exéc.	Directeurs
1	Choral de Pantin.	Pantin (Seine).	63	Carion.
	Chants lyriques de Saül. Gevaert.			
2	La Cigale de Paris.	Paris.	105	Verrier.
	Nos Compagnes. M. Maréchal.			

Concours n° 10
SALLE DES HORTICULTEURS,
84, RUE DE GRENELLE (7ᵉ Arr.)

Catégorie des Chorales mixtes sans accompagnement
DIVISION SUPÉRIEURE

Jury : MM. F. Schmitt, *président ;* Mme Lise d'Ajac, André Gailhard, Wolff ; Maxime Thomas, *secrétaire.*
Commissaire désigné par l'Administration : M. Damville.

1ᵉʳ Prix : **2 500** francs.
2ᵉ Prix : **1 500** —
3ᵉ Prix : **800** —

MORCEAU IMPOSÉ

Le Furet.................... de M. de la Tombelle.

SOCIÉTÉS ET MORCEAUX DE CHOIX

Nº	Sociétés	Villes	Exéc.	Directeurs
1	La Neustrie. *Le Guet.* Glatinel. *Rôdeurs de la Nuit.* De la Tombelle.	Caen (Calvados).	90	A. Bourdon.
2	Barnoldswick Choir. *The Tyger.* Granville-Bantock.	Barnoldswick (Angl.)	68	Frederick Lord.
3	Ealing Philhar. Society. *Hymn to Music.* Dudley-Buck. *You stole my love.* W. Macfarren.	Ealing (Angleterre).	100	E.-V. Williams.
4	The Birmingham Madrigal *Mélodies anglaises.*	Birmingham (Anglet.).	36	Cuthbert Stanley.
5	The Ayr Burg a County Choir. *Weary wind of the west.* Elgar. (*Vent las de l'ouest.*)	Ayr.	40	F. Ely.
6	Willesden District Choir. *Sweet Honey sucking Bee.* J. Wilbye. *Go, song of mine!* (*Allez, ma chanson!*) Elgar.	Willesden (Angleterre).	50	J.-S. Waddell
7	Chesterfield Dist. Mus. Union. *Go, song of mine!* Elgar. *You stole my love.* W. Macfarren.	Chesterfields.	99	J.-F. Staton.
8	The Glascow Orpheus Choir. *By Babylon's Wave.* Ch. Gounod. *Diaphena.* W. Hatley.	Glascow (Angleterre).	100	H.-S. Roberton
9	London Scottish Choir. *Break! Break! Break!* G. Macfarren.	Londres (Angleterre).	35	J.-B. Shaw.
10	The Bradford Old Choral. *Hymn to Music.* Dudley-Buck.	Bradford (Angleterre).	80	E.-J. Pickles.

Concours n° 11

SALLE DES FÊTES DU "PETIT JOURNAL"
RUE CADET (9e Arr.)

Catégorie des Orphéons (Femmes)

1re DIVISION — SECTION UNIQUE

Jury : MM. J. MOUQUET, *président ;* G. ALARY ; MALET, *secrétaire.*

Commissaire désigné par l'Administration : M. REMICCI.

1er Prix : **800** francs.

2e Prix : **500** —

MORCEAU IMPOSÉ

L'Alouette .... de J. MOUQUET.

SOCIÉTÉS ET MORCEAUX DE CHOIX

N°	Sociétés	Villes	Exéc.	Directeurs
1	Institut artistique. *Chœur des Messagers.* R. Wagner.	Clermont-Fer. (P.-de-D.)	50	Gemont.
2	Rotton Park Ladies Choral.	Birmingham (Angleterre)	45	D. N. Hopkins.
3	Cecilia Female Voice Choir.	Londres (Angleterre).	50	M. Harvey Grace.
4	Chorale de Jeunes Filles. *La Cigale et la Fourmi.* Gounod.	Saint-Quentin (Aisne).	41	E. Henning.

Concours n° 12

SALLE DES FÊTES DE VAUGIRARD,
154, RUE LECOURBE (15e Arr.)

Catégorie des Orphéons (Hommes)

1re DIVISION — 1re SECTION

GROUPE A

Jury : MM. KAYSER, *président ;* GIBERT; HANSEN, *secrétaire.*
Commissaire désigné par l'Administration : M. F. SIROUX.

1er Prix : **1 500** francs.
2e Prix : **1 200** —
3e Prix : **800** —

MORCEAU IMPOSÉ

Les Deux Messages .... de H. MARÉCHAL

SOCIÉTÉS ET MORCEAUX DE CHOIX

N°	Sociétés	Villes	Exéc.	Directeurs
1	Shrewsbury Male Voice. *The Crusaders (Les Croisés).* Protherde.	Shrewsbury (Angleterre).	40	W. J. Parry Jones.
2	Les Bardes du Nord. *Espérance.* Radoux.	Lille (Nord).	75	Paul Fanyau.
3	Union chorale. *Le Coq gaulois.* A. Chapuis.	Montluçon (Allier).	56	Sœtens.
4	Orphéon Vauclusien. *Les Martyrs aux Arènes* ou *Scènes Tartares.* L. de Rillé.	Avignon (Vaucluse).	32	A. Chauvet.
5	Union Montagnarde. *Les Hébreux captifs.* Palliard.	Lourdes (Htes-Pyrénées).	80	Lay.
6	Orphéon Chambérien. *Les Eburons.* Tilman.	Chambéry (Savoie).	68	U. Pizzi.
7	Barclays Bank Musical. *Yea cast me from heights of the mountains.* Edw. Elgar.	Londres (Angleterre).	45	J.-W. Lewis.
8	Les Amis Réunis. *Jacques Bonhomme.* H. Maréchal.	Saint-Quentin (Aisne).	65	Amandio.

Concours n° 13

COLLÈGE CHAPTAL, BOUL. DES BATIGNOLLES
(8e Arr.)

Catégorie des Orphéons (Hommes)
Ire DIVISION — Ire SECTION
GROUPE B

Jury : MM. H. Maréchal, *président ;* E. Wesly ; Verdal, secrétaire.
Commissaire désigné par l'Administration : M. Landurie.

Ier Prix : **1 500** francs.
2e Prix : **1 200** —
3e Prix : **800**

MORCEAU IMPOSÉ

Les Deux Messages .... de H. Maréchal.

SOCIÉTÉS ET MORCEAUX DE CHOIX

No	Sociétés	Villes	Exéc.	Directeurs
1	Cercle chor. la Renaissance	Marzagues (B.-du-R.)	66	J. B.-Philip.
	Noble France. P. Rougnon.			
2	Echo du Roussillon.	Perpignan (Pyrénées-Or.).	66	S. Paraire.
	Les Villes mortes. H. Maréchal.			
3	La Malmédienne.	Malmédy (Prusse Rhénane)	74	Alexis Delwaide
	Le Chant des Matelots. Radoux.			
4	Chorale des Chemins de fer du Midi.	Bordeaux (Gironde).	56	L. Dintrans.
	César. Dard-Janin.			
5	Cercle des Seize.	Charleroi (Belgique).	26	Félix Rayon.
	Chant des Matelots. Radoux.			
6	Abertillery Male Voice.	Abertillery (Angleterre).	70	Th. Ford.
	The Little Church (*La Petite Eglise*). Fr. Abt.			
	King of worlds (*Roi des Mondes*). Dard-Janin.			

Concours n° 14

ÉCOLE DES GARÇONS, 42, RUE DUSSOUBS (2e Arr.)

Catégorie des Orphéons (Hommes)

Ire DIVISION — 2e SECTION

Jury : MM. A. Brody, *président :* Maurgal; H. Brody, *secrétaire.*

Commissaire désigné par l'Administration : M. Chassaigne.

1er Prix : **1 000 francs.**	3e Prix : **600 francs.**
2e Prix : **800 —**	4e Prix : **400 —**

MORCEAU IMPOSÉ

L'Auberge de la Vie .... de M. Delmas.

SOCIÉTÉS ET MORCEAUX DE CHOIX

N°	Sociétés	Villes	Exéc.	Directeurs
1	La Wallonie de Bruxelles. *Les Voix de la Nature.* Th. Dubois.	Bruxelles (Belgique).	65	L. Laurent.
2	Enfants de Wilhem. *Le Navire.* Guy Ropartz.	Dieppe (Seine-Inférieure).	64	Bénoni Ropert.
3	Cercle des Orphéonistes. *Nos Compagnes.* Maréchal.	Amiens (Somme).	85	G. Legrand
4	Société chorale. *Les Abeilles.* De la Tombelle.	Villeneuve-s-Lot. (L.-et-G.)	50	Gay.
5	L'Indépendante. *Sapins Géants.* L. Paillard.	Verdun (Meuse).	47	Winandy.
6	Société chorale "Lovely" *La Terre promise.* F. de la Tombelle.	Dudelange (Luxembourg).	75	Alb. Schacht.
7	Union orphéonique. *Le Dernier Jour de Pompéi.* Ritz.	Decazeville (Aveyron).	43	A. Sénizergues.
8	Harmonie chorale. *La Caravane perdue.* Massenet.	Mulhouse (Alsace).	70	Aug. Gehin.
9	Chorale Edmond Schmit. *La Grande Route.* Gevaert.	Fresnes (Nord).	90	G. Etcheberry.
10	Société chorale. *Perdus en mer.* L. Féron.	Le Cateau (Nord).	59	Laude.

Concours spécial

1er Prix : **500 francs.** — 2e Prix : **300 francs.**

MORCEAU IMPOSÉ

L'Auberge de la Vie .... de M. Delmas.

SOCIÉTÉS ET MORCEAUX DE CHOIX

1	Union orphéonique du XVe. *Les Émigrants irlandais.* Gevaert.	Paris.	71	F.-R. Robert.
2	Chorale municipale. *Les Éburons.* A. Tilman.	Maisons-Alfort (Seine).	70	Perier.

Concours n° 15

ÉCOLE DE FILLES, 13, RUE FAGON (13e Arr.)

Catégorie des Orphéons (Hommes)
2e DIVISION — 1re SECTION
GROUPE A

Jury : MM. OBERDŒRFFER, *président ;* BELLOT ; CARLIER, *secrétaire.*
Commissaire désigné par l'Administration : M. BOUVET.

1er Prix : **800** francs.
2e Prix : **600** —
3e Prix : **400** —

MORCEAU IMPOSÉ

Hymne à la Jeunesse . . . . de J. MOUQUET.

SOCIÉTÉS ET MORCEAUX DE CHOIX

N°	Sociétés	Villes	Exéc.	Directeurs
1	Chorale Eintracht.	Bischeim (Alsace).	26	G. Weber.
	Sur les Remparts. Saintis.			
2	Les Enfants de la Brétouze.	Oyonnax (Ain).	60	L. Verdet.
	Sérénade d'Hiver. Camille Saint-Saëns.			
3	Les Enfants de l'Auvergne.	Clermont-Fer. (P.-de-D.)	64	Soulacroup.
	Les Abeilles. De la Tombelle.			
4	Les Enfants d'Eluza.	Eauze (Gers).	38	L. Dupuy.
	Salve Regina. L. de Rillé.			
5	Union Philharmonique.	Agen (Lot-et-Garonne).	38	Bru.
	Les Abeilles. De la Tombelle.			
6	Lyre Dijonnaise.	Dijon (Côte-d'Or).	44	J. Carel.
	La Voix humaine. Maréchal.			
7	Chorale Sainte-Cécile.	Sauve (Gard).	38	Mercoiret.
	L'Invasion. Saintis.			

Concours n° 16

ÉCOLE ELISA-LEMONNIER, 41, RUE DES BOULETS
(11e Arr.)

Catégorie des Orphéons (Hommes)
2e DIVISION — 1re SECTION
GROUPE B

Jury : MM. F. Fourdrain, *président ;* T. Salignac ; J. Jouvin, *secrétaire.*

Commissaire désigné par l'Administration : M. Hamon.

1er Prix : **800 francs.**
2e Prix : **600** —
3e Prix : **400** —

MORCEAU IMPOSÉ

Hymne à la Jeunesse................ de J. Mouquet.

SOCIÉTÉS ET MORCEAUX DE CHOIX

N°	Sociétés	Villes	Exéc.	Directeurs
1	Avenir de Saint-Blaise. *L'Océan.* F. Möhring.	Neuchatel (Suisse).	54	G.-L. Wolf.
2	Orphéon de La Réole. *Le Navire.* Guy Ropartz.	La Réole (Gironde).	41	A. Coussirat.
3	Harmonie chorale. *Les Hébreux captifs.* L. Paillard.	Strasbourg (Alsace).	69	Alb. Wantz.
4	Sainte-Cécile. *Le Psaume de la Vie.* Bourgault-Ducoudray.	Montauban (T.-et-G.)	55	L. Cazelles.
5	Orphéon de Grasse. *Hymne à Jupiter.* Dard-Janin.	Grasse (Alpes-Maritimes).	40	G. Romans.
6	Orphéon de Fontenay-le-Comté. *Une fête à l'Olympe.* Dard-Janin.	Fontenay-le-Comte (Vendée)	55	P. Grouanne.
7	Harmonie chorale. *Nuit d'Orient.* Alexandre Luigini.	Bourg-lès-Valence. (Drôme)	50	E. Rochette.

Concours n° 17

ÉCOLE DE GARÇONS, 98, AV. DE LA RÉPUBLIQUE
(11e Arr.)

2e DIVISION — 1re SECTION
GROUPE C

Catégorie des Orphéons (Hommes)

Jury : MM. H. Lutz, *président ;* Hyard ; Chillemont, *secrétaire.*
Commissaire désigné par l'Administration : M. Bardy.

1er **Prix :** 800 francs. — 2e **Prix :** 600 francs
3e **Prix :** 400 francs.

MORCEAU IMPOSÉ

Hymne à la Jeunesse............... de J. Mouquet.

SOCIÉTÉS ET MORCEAUX DE CHOIX

N°	Sociétés	Villes	Exéc.	Directeurs
1	Les Enfants de Fleury. *La Touffe de Jasmin.* Paliard.	Fleury (Aube).	40	R. Jalabert.
2	Chorale " La Fraternelle " *Par la Brume.* Barellier.	Fougères (Ille-et-V.)	48	Ch. Quinton.
3	Chorale de Beaumont. *Le Chant des Forêts.* X...	Beaumont (Seine-et-Oise)	60	Carpentier.
4	Lyre Amicale de Vauban. *Les Forains.* Maréchal.	Lille (Nord).	90	A. Carron.
5	Lyre Vauverdoise. *Le Chant des Druides.* Saintis.	Vauvert (Gard).	30	Ch. Verdier.
6	Union chorale. *Jacques Bonhomme.* H. Maréchal.	Romilly-s-Seine (Aube).	50	C. Fromont.

Concours spécial

1er **Prix :** 400 francs. — 2e **Prix :** 250 francs.

MORCEAU IMPOSÉ

Hymne à la Jeunesse .... de J. Mouquet.

SOCIÉTÉ ET MORCEAU DE CHOIX

N°	Société	Ville	Exéc.	Directeur
1	Chorale des P.T.T. *Joueurs de Vielle.* De la Tombelle.	Paris.	65	Turotte.

— 31 —

Concours n° 18
ÉCOLE PROFESSIONNELLE, 12, RUE D'ABBEVILLE
(10e Arr.)

Catégorie des Orphéons (Hommes)
2e DIVISION — 2e SECTION
GROUPE A

Jury : MM. CH. PONS, *président ;* MARINGUE ; LEVASSEUR, *secrétaire.*

Commissaire désigné par l'Administration : M. DE FÉLIX.

1er **Prix : 700 francs.** — 2e **Prix : 500 francs.**

3e **Prix : 300 francs.**

MORCEAU IMPOSÉ

Invocation .... de PALADILHE.

SOCIÉTÉS ET MORCEAUX DE CHOIX

N°	Sociétés	Villes	Exéc.	Directeurs
1	Orphéon des Tramways. *Ménestrel et Chevalier.* Chapuis.	Bordeaux (Gironde).	66	Bertin.
2	Chorale Indépendante. *Le Dernier Jour de Pompéi.* Ritz.	Lunel (Hérault).	30	Viviès.
3	Chorale "Cécilia". *Salut aux Vosges!* P. Vidal.	Neudorf, Strasbourg.	32	Ch. Ober.
4	Les Chanteurs Cévenols. *La Cour des Miracles.* L. Delibes. ou *Les Romanichels.* Blémant.	Le Vigan (Gard).	32	Rouquier.
5	Les Ménestrels Voironnais. *La Libération des Esclaves.* Reuchsel.	Voiron (Isère).	60	Bouclans.
6	Les Mélomanes Onnaingeois. *Les Forbans.* A. Saintis.	Onnaing (Nord).	55	M. Ruer.
7	Orphéon de Soissons. *La Chanson des Galets.* Noël Laffont.	Soissons (Aisne).	78	E. Mortier.
8	Chorale Sainte-Cécile. *La Charrue.* J. Ritz.	Le Puy (Haute-Loire).	63	L. Alibert.

Concours spécial
des Sociétés de Paris et du département de la Seine

1er **Prix : 300 francs.** — 2e **Prix : 200 francs.**

MORCEAU IMPOSÉ

Invocation .... de PALADILHE.

SOCIÉTÉ ET MORCEAU DE CHOIX

N°	Société	Ville	Exéc.	Directeur
1	Orphéon de Romainville. *Le Grisou.* E. Leseurre.	Romainville (Seine).	40	F. Chaussez.

Concours n° 19

ÉCOLE DE GARÇONS, 35, RUE MILTON (9e Arr.)

Catégorie des Orphéons (Hommes)
2e DIVISION — 2e SECTION
GROUPE B

Jury : MM. AYMÉ KUNC, *président ;* CHANOINE-DAVRANCHES ; LAFFITTE, *secrétaire.*

Commissaire désigné par l'Administration : M. FINEL.

1er Prix : **700 francs** — 2e Prix : **500 francs**

3e Prix : **300 francs**

MORCEAU IMPOSÉ

Invocation .... de PALADILHE.

SOCIÉTÉS ET MORCEAUX DE CHOIX

N°	Sociétés	Villes	Exéc.	Directeurs
9	Société chorale. *César.* Dard-Janin.	Nérac (Lot-et-Garonnne).	32	E. Dufoir.
10	Choral Vannetais. *Vers le grand banc.* N. de Buissy.	Vannes (Morbihan).	42	J. Labbé.
11	La Fraternelle.	Valence d'Agen (T.-et-G.)	40	L. Vignes.
12	Union chorale. *Une fête au Louvre.* Laurent de Rillé.	Ooye (Oise).	33	Bréhamet.
13	Lyre Ouvrière Bressane. *Ballade.* R. Pech.	Bourg (Ain).	58	Vietti.
14	Orphéon de Sèvres. *Nos Compagnes.* Maréchal.	Sèvres (Seine-et-Oise).	40	Jost.
15	Orphéon de Firminy. *Sous la Forêt.* Aymé Kunc.	Firminy (Loire).	36	Sage.
16	Chorale de Salins. *Vercingétorix.* M. Chapuis.	Salins (Jura).	42	L. Martineau.

Concours n° 20

ECOLE DE FILLES, 88, RUE MONGE (5ᵉ Arr.)

Catégorie des Orphéons (Hommes)

3ᵉ DIVISION — 1ʳᵉ SECTION

Jury : MM. MELCHISSÉDEC, *président ;* LUIGINI ; H. WEYTS, *secrétaire.*

Commissaire désigné par l'Administration : VENTRESQUE.

1ᵉʳ Prix : 600 francs. 3ᵉ Prix : 250 francs.

2ᵉ Prix : 400 — 4ᵉ Prix : 175 —

MORCEAU IMPOSÉ

La Prière des Arzonnais . . . . de BOURGAULT-DUCOUDRAY.

SOCIÉTÉS ET MORCEAUX DE CHOIX

Nᵒ	Sociétés	Villes	Exéc.	Directeurs
1	Ad Artem. *Invocation.* Jouret.	Verviers (Belgique).	47	N. Fauconnier.
2	Orphéon Castelnaudarien. *La Noce de Village.* Laurent de Rillé.	Castelnaudary (Aude).	40	Ramon.
3	Les Enfants de Merville. *La Veillée.* Pastor.	Merville (Hte-Garonne).	30	J. Duprat.
4	Avenir de Marengo. *Chants lyriques de Saül.* Gevaert.	Toulouse (Hte-Garonne).	51	Mercadier.
5	Chor. des Etabl. de l'Artillerie. *La Couvée.* Paliard.	Bourges (Cher).	51	Lanoizelez.
6	Orphéon de Romans. *La Voix des Cloches.* De la Tombelle.	Romans (Drôme).	65	Jeanton.
7	Orphéon. *Sous la Feuillée.* Dard-Janin.	Villeneuve-St-Georges.	37	Pelata.
8	Chorale de Sèvres. *L'Été de la Saint-Martin.* Maréchal.	Sèvres (Seine-et-Oise).	32	Pautut.
9	Enfants d'Orphée. *Gaule et France.* Saintis.	Cette (Hérault).	70	P. Gourmandin.
10	Union Fraternelle. *Chant des Druides.* Saintis.	Figeac (Lot).	45	Dubernard.
11	Echo des Dômes. *Nuit d'Orient.* Luigini.	Clermont-Ferrand (P.-de-D.).	50	L. Gémont.
12	Chorale de Layrac. *Liberté.* M. Chapuis.	Layrac (Lot-et-Garonne).	33	A. Berge.

Concours spécial

1ᵉʳ Prix : 250 francs. — 2ᵉ Prix : 150 francs.

MORCEAU IMPOSÉ

La Prière des Arzonnais . . . . de BOURGAULT-DUCOUDRAY.

SOCIÉTÉS ET MORCEAUX DE CHOIX

	Sociétés	Villes	Exéc.	Directeurs
1	Chorale " La Dordogne " *Tableaux champêtres.* Brody.	Paris.	58	Bucken.
2	La Sérénade. *Nuit d'Orient.* Luigini.	Épinay.	38	A. Marcastel.

Concours n° 21

ÉCOLE MATERNELLE, 52, RUE DE TURENNE
(3e Arr.)

Catégorie des Orphéons (Hommes)
3e DIVISION — 2e SECTION

Jury : MM. BOULOGNE, *président ;* LAFONT ; BAYER, *secrétaire.*
Commissaire désigné par l'Administration : M. PUISSANT.

1er Prix : 500 francs.	3e Prix : 200 francs.
2e Prix : 300 —	4e Prix : 150 —

MORCEAU IMPOSÉ

Les Reîtres .... de R. PECH.

SOCIÉTÉS ET MORCEAUX DE CHOIX

N°	Sociétés	Villes	Exéc.	Directeurs
1	Lyre Antiboise. *Le Réveil de la Ferme.*	Antibes (Alpes-Maritimes).	30	D. Oustric.
2	Chorale de Bohain. *Avenir et Progrès.* J. Ritz.	Bohain (Aisne).	45	E. Blanchard.
3	Société chorale.	Argentan (Orne).	25	Drapier.
4	Echo de Corton. *Adieux à la mer.* C. de Vos.	Aloze-Corton (Côte-d'Or).	22	J. Carel.
5	Union chorale. *Sous la feuillée.* A. Dard-Janin.	Avesnes-s.-Helpe (Nord).	66	G. Bailliez.
6	Société orphéonique. *Paysage provençal.* Chillemont.	Suèvres (Loir-et-Cher).	28	Alph. Boutet.
7	Les Chantⁿˢ d'Aspremont. *L'Illusion.* V. Fosse.	Peyrehorade (Landes).	66	G. Larrat.
8	Union orphéonique. *Gais Moissonneurs.* M. Chapuis.	Montréal (Aude).	32	M. Caunes.
9	L'Avenir. *Le Roi des Mondes.* Dard-Janin.	Châteaubriant (L.-Inf.)	38	Pastisson.
10	Cercle choral R. de Lassus. *Avenir et Progrès* J. Ritz.	Mons (Belgique).	75	Paul Thibaut.
11	Orphéon. *La Chanson des Galets.* Noël Laffont.	Essars-l.-Béth. (P.-de-C.)	40	G. Prévost.

Concours spécial
des Sociétés de Paris et du département de la Seine

1er Prix : 200 francs. — 2e Prix : 125 francs

MORCEAU IMPOSÉ

Les Reîtres .... de R. PECH.

SOCIÉTÉ ET MORCEAU DE CHOIX

1	Chor. Anc. élèv. r. de Poissy. *La Cour des Miracles.* L. Delibes.	Paris.	40 Louvet

Concours n° 22

Catégorie des Orphéons (Hommes)

3e DIVISION — 3e SECTION

Jury : MM. P. VIDAL, *président :* NERINI; RADIGUER, *secrétaire.*
Commissaire désigné par l'Administration : H. HEURTEBISE.

1er Prix : 400 francs. 3e Prix : 100 francs
2e Prix : 200 — 4e Prix : 75 —

MORCEAU IMPOSÉ

C'est toi.......................... de PAUL VIDAL.

SOCIÉTÉS ET MORCEAUX DE CHOIX

No	Sociétés	Villes	Exéc.	Directeurs
1	Echo de la Faucille. *Dans les Sillons.* Stoupanse.	Gex (Ain).	30	J. Bourier.
2	L'Espérance. *La Terre.* J. Ritz.	Thuméries (Nord).	32	A. Dupin.
3	Chorale laïque. *Matinée printanière.* A. Brulay.	Fougères (Ille-et-Vil.)	37	P. Pichot.
4	Chorale Sainte-Baudile. *Les Paysans.* Saintis.	Fabrègues (Hérault).	38	Fr. Rouvier.
5	Orphéon de Reyniès. *Sur les Remparts.* Saintis.	Reyniès (Tarn-et-Gar.)	33	Labail.
6	L'Avenir. *Les Derniers Jours de Pompéi.* J. Ritz.	Saint-Thibery (Hérault).	56	Alban Hugol.
7	Chorale amicale. *Les Fileuses.* E. Lachmann.	Fleurs (Loire).	38	J. Garaud.
8	La Chorale de Gif. *Gloire à la France!* F. Bazin.	Gif (Seine-et-Oise).	35	V. Degasse.
9	Union chorale. *Légende bretonne.* A. Saintis.	Fère-en-Tardenois (Aisne)	35	A. Lafrance.
10	Philharmonique. *Nuit d'Été.* H. Maréchal.	Montdidier (Somme).	28	Alp. Braut.
11	L'Echo du Vallon. *Salut au Soleil!* Sourilas.	Seloncourt (Doubs).	27	Vermot-Desroches.
12	Les Enfants du Vigneron. *Le Vin.* H. Kling.	Saint-Savin (Isère).	29	Guillermard.

Concours n° 23

GRANDE SALLE DU TROCADÉRO (16e Arr.)

Catégorie des Harmonies

DIVISION D'EXCELLENCE

Grand Prix de 10 000 francs du Conseil municipal

GROUPE A

Jury : MM. C. CHEVILLARD, *président ;* G. RIFF, CARETTE, PH. GAUBERT, TRÉMISOT, C. BOURGEOIS ; CHILLEMONT, *secrétaire.*

Commissaire désigné par l'Administration : M. TSCHENN.

1re Prix : **5 000 francs.**
2e Prix : **3 000 —**

MORCEAU IMPOSÉ

Les Pêcheurs de Saint-Jean (Ouverture) de CH.-M. WIDOR.

SOCIÉTÉS ET MORCEAUX DE CHOIX

N°	Sociétés	Villes	Exéc.	Directeurs
1	Stadtmusik Bern.	Berne (Suisse).	80	
	Sélection sur des ouvrages de E. Grieg.			
2	Dewsbury and District.	Dewsbury (Angleterre).	40	E.-F. Shewlis.
	La Grotte de Fingal (Ouverture). Mendelssohn.			
3	Harmonie Chartraine.	Chartres (Eure-et-Loir).	94	Durrieu.
	N° 1 de la "Symphonie en ré mineur". C. Franck.			
4	Harm. Mines de Courrières.	Billy-Montigny (P.-de-C.)	130	Dusotoit.
	Ouverture du "Vaisseau Fantôme". R. Wagner.			
5	Harmonie du 1er Canton.	Bordeaux (Gironde).	87	F. Duclos.
	N° 1 de la "Symphonie en ré mineur". C. Franck.			
6	Harmonie des Usines.	Belfort.	90	H.-V. Campo.
	Le Chasseur maudit. César Franck.			

Concours spécial

des Sociétés de Paris et du département de la Seine

1er Prix : **2 000 francs.**
2e Prix : **1 000 —**

MORCEAU IMPOSÉ

Les Pêcheurs de Saint-Jean (ouverture)..... de CH.-M. WIDOR.

SOCIÉTÉ ET MORCEAU DE CHOIX

N°	Société	Ville	Exéc.	Directeur
1	L'Artistique.	Paris.	96	Gaston Petit.
	N° 1 de la "Symphonie en ré mineur". César Franck.			

Concours n° 24

Catégorie des Harmonies

DIVISION D'EXCELLENCE

GROUPE B

Jury : MM. Widor, *président ;* Wölmar, Linette, Paradis, Karren, Eug. d' Harcourt ; Marichelle, *secrétaire.*

Commissaire désigné par l'Administration : M. Pâris

1er Prix : 5 000 francs.

2e Prix : 3 000 —

MORCEAU IMPOSÉ

Les Pêcheurs de Saint-Jean (ouverture), de Ch.-M. Widor.

SOCIÉTÉS ET MORCEAUX DE CHOIX

No	Sociétés	Villes	Exéc	Directeurs
1	Philharmonie Liégeoise.	Liége (Belgique).	90	Th. Cloos.
	Ouverture de " Tannhäuser ". R. Wagner.			
2	Harm. royale Néerland.	Tilburg (Hollande).	62	J.-H. Kessels.
	Le Voyage en mer (ouverture). Mendelssohn.			
3	Lyre Narbonnaise.	Narbonne (Aude).	92	J. Corrouy.
	Rhapsodie Norvégienne, Nos 1 et 2. Lalo.			
4	Civica Societa Philharm.	Lugano (Suisse).	62	Enrico Dassetto.
	Les Maîtres Chanteurs. R. Wagner.			
5	Harm. Saint-Ferdinand.	Bordeaux (Gironde).	90	Ch. Meilhan.
	Le Vaisseau Fantôme. R. Wagner.			
6	Cercle Berlioz.	Lille (Nord).	124	J. Dupuis.
	Variations et Fugue. Beethoven.			

Concours n° 25

GALERIE DES CHAMPS-ÉLYSÉES,
55, RUE DE PONTHIEU (8e Arr.)

Catégorie des Harmonies
DIVISION SUPÉRIEURE
GROUPE A

Jury : MM. PARÈS, *président;* BERNN, ROCHE, LEFEBVRE; VERDAL, *secrétaire.*

Commissaire désigné par l'Administration : M. LIROT.

1er Prix : **2 500** francs.
2e Prix : **1 800** —
3e Prix : **1 000** —

MORCEAU IMPOSÉ

Symphonie en ré mineur n°3 . . . . de CÉSAR FRANCK.

SOCIÉTÉS ET MORCEAUX DE CHOIX

N°	Sociétés	Villes	Exéc.	Directeurs
1	Harmonie Royale.	Verviers (Belgique.)	76	Lucien Sottrez.
	Le Dernier Jour de la Terreur. H. Litolff.			
2	Harmonie municipale.	Tours (Indre-et-Loire).	90	Lannoy.
	Ouverture de " Struensée ". Meyerbeer.			
3	Harmonie municipale.	Mâcon (Saône-et-Loire).	72	Laurent.
	Ouverture de " Phèdre ". Massenet.			
4	Lyre de Montreux.	Montreux (Suisse).	75	Th. Hillaert.
	Ouverture d' " Obéron ". Weber.			
5	Harmonie Roannaise.	Roanne (Loire).	83	L. Masquelier.
	Ouverture de " la Grotte de Fingal ". Mendelssohn.			
6	Société Philharmonique.	Montluçon (Allier).	68	Lavest.
	Ouverture de " Tannhäuser ". Wagner.			

— 39 —

Concours n° 26

Catégorie des Harmonies
DIVISION SUPÉRIEURE
GROUPE B

Jury : MM. XAVIER LEROUX, *président ;* BALLERON aîné,
J. GRANGER, LÉVÊQUE ; LEVASSEUR, *secrétaire.*

Commissaire désigné par l'Administration : M. SANTI.

1ᵉʳ Prix : **2 500** francs.

2ᵉ Prix : **1 800** —

3ᵉ Prix : **1 000** —

MORCEAU IMPOSÉ

Symphonie en ré mineur n° 3 .... de CÉSAR FRANCK.

SOCIÉTÉS ET MORCEAUX DE CHOIX

Nᵒ	Sociétés	Villes	Exéc.	Directeurs
1	Lyre Ouveillanaise.	Ouveillan (Aude).	75	A. Miailles.
	Ouverture de "la Flûte enchantée". Mozart.			
2	Musique municipale.	Bernay (Eure).	92	E. Tréfouel.
	Ouverture du "Carnaval romain". Berlioz.			
3	Nieuwe Koninklijke.	Tilburg (Hollande).	55	A.-A. Groot.
	Ouverture de "Phèdre". J. Massenet.			
4	Nouvelle Harm. Royale, Vlyt En Volharding.	Roosendaal (Hollande).	55	Adr. Somers.
	Scènes pittoresques (suite). J. Massenet.			
5	Harmonie d'Ezy.	Ezy (Eure).	83	Ed. Marie.
	Les Erinnyes (divertissement). J. Massenet.			
6	La Grande Harmonie.	Damprémy (Belgique).	94	H. Hayet.
	Les Erinnyes (entr'acte). J. Massenet.			

Concours n° 27

SALLE WAGRAM, AVENUE DE WAGRAM (17e Arr.)

Catégorie des Harmonies

1re DIVISION — 1re SECTION

Jury : MM. NIVERD, *président ;* LUZZATTI ; RAUX, *secrétaire.*
Commissaire désigné par l'Administration : M. LEMOINE.

1er Prix : **1 500** francs.
2e Prix : **1 200** —
3e Prix : **800** —

MORCEAU IMPOSÉ

Marche triomphale .... de L. NIVERD

SOCIÉTÉS ET MORCEAUX DE CHOIX

No	Sociétés	Villes	Exéc.	Directeurs
1	Harmonie du Commerce.	Arras (Pas-de-Calais.)	83	Ch. Hiver.
	Ouverture du " Roi d'Ys ". Lalo.			
2	Harmonie Choletaise.	Cholet (Maine-et-Loire).	60	E. Thaupio.
	Ouverture de " Patrie ". Bizet.			
3	Banda musicale.	Villabartolomea (Italie)	57	Adolfo Accordi.
	Ouverture de " Ruy Blas ". Mendelssohn.			
4	Harmonie et Chorale.	Condé-sur-Noireau (Calvados).	71	G. Guérard.
	Première Symphonie. Camille Saint-Saëns.			
5	Welsh Band Swansea.	Swansea (Angleterre).	35	Sam. Hanney
	Ouverture de " Guillaume Tell ". Rossini.			
6	Philharm. dei Concordi.	Casale Maritimo (Italie).	41	R. Cianti.
	La Muette de Portici. Auber.			
7	Société de musique.	Dudelange (Luxembourg).	65	A. Schacht.
	Phèdre. J. Massenet.			

Concours spécial

des Sociétés de Paris et du département de la Seine

1er Prix : **600** francs.
2e Prix : **400** —

MORCEAU IMPOSÉ

Marche triomphale .... de L. NIVERD.

SOCIÉTÉS ET MORCEAUX DE CHOIX

No	Sociétés	Villes	Exéc.	Directeurs
1	Harmonie de Neuilly.	Neuilly-sur-Seine.	78	E. Merlier.
	Ouverture de " Guillaume Tell ". Rossini.			
2	Harmonie municipale.	Pantin (Seine).	92	Ch. Maréchal.
	Ouverture de " Phèdre ". J. Massenet.			

Concours nº 28

ÉCOLE DE GARÇONS, 8, RUE CH.-BAUDELAIRE
(12e Arr.)

Catégorie des Harmonies
1re DIVISION — 2e SECTION

Jury : MM. CHOMEL, *président ;* PORTRÉ; C. BRUNEAU, *secrétaire.*
Commissaire désigné par l'Administration : M. SÉGUIN.

1er Prix : 1 000 francs.
2e Prix : 800 —
3e Prix : 600 —

MORCEAU IMPOSÉ

Le Lac des Aulnes nos 1 et 3 . . . . de H. MARÉCHAL.

SOCIÉTÉS ET MORCEAUX DE CHOIX

Nº	Sociétés	Villes	Exéc.	Directeurs
1	Philharmonie de Bessan.	Bessan (Hérault).	58	Malafosse.
	Phèdre (ouverture). Massenet.			
2	Harmonie municipale.	Le Cateau (Nord).	85	A. Chabert.
	Scènes pittoresques. Massenet.			
3	Harmonie d'Houplines.	Houplines (Nord).	70	J. Strauwen.
	Ouverture du " Roi d'Ys. " Lalo.			
4	Musique municipale.	Thann (Alsace).	58	A. Rübsamen.
	Ouverture du " Retour au pays ". Mendelssohn.			
5	Orphéon musical.	Mulhouse (Alsace).	71	A. End.
	Phèdre (ouverture). Massenet.			
6	Philharmonica.	Castagnaro (Italie).	60	Fer. Cusinati.
	Les Maîtres Chanteurs. R. Wagner,			
7	Harmonie municipale.	Martigny-Ville (Suisse).	64	P. Mautref.
	Phèdre (ouverture) Massenet.			
8	Musique municipale.	Buhl, près Guebwiller.(Als.)	44	J. Meyer.
	Fabiana (ouverture). G. Wettge.			

Concours spécial
des Sociétés de Paris et du département de la Seine
1re DIVISION — 2e SECTION

1er Prix : 500 francs.
2e Prix : 300 —

MORCEAU IMPOSÉ

Le Lac des Aulnes nos 1 et 3 . . . . de H. MARÉCHAL.

SOCIÉTÉ ET MORCEAU DE CHOIX

1	Harmonie municipale.	Nogent-sur-Marne (Seine)	58	Midy.
	Les Dieux en exil (ouverture). Bosch.			

Concours n° 29

ÉCOLE DE GARÇONS, 121, RUE DE PATAY (13e Arr.)

Catégorie des Harmonies

2e DIVISION — 1re SECTION

GROUPE A

Jury : MM. PAUL VIDAL, *président ;* CH. PONS ; OBERDŒRFFER, *secrétaire.*

Commissaire désigné par l'Administration : M. BOUVET.

1er Prix : 800 francs.
2e Prix : 600 —
3e Prix : 400 —

MORCEAU IMPOSÉ

Danses tanagréennes.................. de PAUL VIDAL.

SOCIÉTÉS ET MORCEAUX DE CHOIX

N°	Sociétés	Villes	Exéc.	Directeurs
1	Harm. de Kœnigshoffen. *Marche aux Flambeaux N° 1.* Meyerbeer.	Strasbourg (Alsace).	49	Alb. Hengé.
2	Lyre Gensacaise. *Ouverture du "Freyschütz".* Weber.	Gensac (Gironde).	63	Offroy.
3	Mus. l'Écho de Montréal. *Polonaise de Concert.* Paul Vidal.	Bédarrides (Vaucluse).	45	L. Sabatier.
4	Philharmonique. *Maritana (ouverture).* Wallace.	Saint-Vallier (Drôme).	55	Prunier.
5	Societa philharmonica. *La Force du Destin.* Verdi.	Moncalieri (Italie).	51	F.-Cav. Tancredi.
6	La Jeune Rochellaise.	La Rochelle (Ch.-Inf.)	53	
7	L'Indépendante. *Phèdre (ouverture).* Massenet.	Carmaux (Tarn).	66	Routard.

Concours spécial

des Sociétés de Paris et du département de la Seine

1er Prix : 400 francs.
2e Prix : 250 —

MORCEAU IMPOSÉ

Danses tanagréennes.................. de PAUL VIDAL.

MORCEAUX DE CHOIX

N°	Sociétés	Villes	Exéc.	Directeurs
1	Harmonie du Panthéon. *Polonaise de Concert.* Parès.	Paris.	69	Séguélas.
2	Harmonie de Billancourt. *Lugdunum.* Allier.	Billancourt (Seine).	102	Evrard.

— 43 —

Concours n° 30

Catégorie des Harmonies
2e DIVISION — 1re SECTION
GROUPE B

Jury : MM. J.-A. VIDAL, *président*; G. CASTELAIN; GARNESSON, *secrétaire.*

Commissaire désigné par l'Administration : M. GOÛTEUR.

1er Prix :	800 francs.	
2e Prix :	600 —	
3e Prix :	400 —	

MORCEAU IMPOSÉ

Danses tanagréennes .... de PAUL VIDAL

SOCIÉTÉS ET MORCEAUX DE CHOIX

N°	Sociétés	Villes	Exéc.	Directeurs
1	Harmonie Eintracht. *Les Dieux en exil (ouverture).* Bosch.	Mulhouse (Alsace).	54	P. Breitwieser.
2	Harmonie de La Guerche. *Au Pays lorrain (ouverture).* G. Balay.	La Guerche (Ille-et-Vilaine)	61	E. Chaumet.
3	Harmonie de Meursault. *Ouverture de Concert.* Giraud.	Meursault (Côte d'Or).	43	Müller.
4	Harmonie Orphéus. *Une Fête champêtre (ouverture).* De Labory.	Tilburg (Hollande).	50	J.-L. Kroes.
5	Association artistique. *3e Marche aux Flambeaux.* Meyerbeer.	Oran (Algérie).	61	N. Bellanger.
6	Harmonie Kronenburg. *Marche du "Tannhäuser".* R. Wagner.	Strasbourg (Alsace).	37	Otto Krümmel
7	Société musicale de St-Dyé. *2e Marche aux Flambeaux.* Meyerbeer.	St. Dyé (Loir-et-Cher).	40	A. Hurtault.

Concours nº 31

ÉCOLE de GARÇONS, 4, PLACE du COMMERCE (15e A.)

Catégorie des Harmonies

2e DIVISION — 2e SECTION

Jury : MM. Fouquet, président ; Alb. Guignard ; Hyard,
secrétaire.

Commissaire désigné par l'Administration : M. Bourrioux.

1er Prix :	700 francs.	3e Prix :	300 francs
2e Prix :	500 —	4e Prix :	200 —

MORCEAU IMPOSÉ

Le Rêve (Nº 2 le Clos Marie) .... de A. Bruneau.

SOCIÉTÉS ET MORCEAUX DE CHOIX

No	Sociétés	Villes	Exéc.	Directeurs
1	Harmonie des Aciéries.	Mont-St-Martin (M.-&-M)	83	Nauvelaers.

Ouverture d'harmonie. Mendelssohn.

| 2 | Harmonie Chaumontaise | Chaumont (Hte-Marne). | 51 | Gachon. |

Festival (ouverture). Leutner, ou Sainte-Céci le (ouverture). Chic.

| 3 | Union musicale. | Lagny (Seine-et-Marne). | 61 | Herr. |

Terpsichore (fantaisie, ballet). L. Ganne.

| 4 | Harmonie de Bessières. | Bessières (Hte-Garonne). | 52 | L. Vignals. |

Egmont (ouverture). Beethoven.

| 5 | Harmonie l'Avenir. | Thezan-les-Béziers (Hér.) | 44 | C. Ain. |

Légende antique. Avon.

| 6 | Harmonie Fougeraise. | Fougères (Ille-et-Vilaine). | 57 | Roussel. |

Ouverture des " Noces de Figaro ". Mozart.

| 7 | La Lorraine. | Hayange (Lorraine) | 42 | A. Lejeune. |

Les Francs-Juges (ouverture). Berlioz.

| 8 | Harmonie municipale. | Beaufay (Sarthe). | 39 | A. Tuffier. |

Egmont (ouverture). Beethoven.

| 9 | Harmonie municipale. | Differdange (Luxembourg). | 63 | B. Crochet. |

Cortège fleuri. J.-E. Strauwen.

| 10 | Lyre Bolbecaise. | Bolbec (Seine-Inférieure). | 50 | C. Defrene. |

Ouverture militaire. Germain.

| 11 | L'Accord Parfait. | Sèvres (Seine-et-Oise). | 45 | Barrellier. |

Cortège de Bacchus (Ballet de " Sylvia "). L. Delibes.

Concours spécial

des Sociétés de Paris et du département de la Seine
2e DIVISION — 2e SECTION

1er Prix :   300 francs. — 2e Prix :   200   francs.

MORCEAU IMPOSÉ

Ouverture favorite .... de H. Fernand.

SOCIÉTÉS ET MORCEAUX DE CHOIX

1	Les Amis réunis du XVIIIe.	Paris.	40	Laplace.

Lugdunum. Allier.

| 2 | Harm. des Établis. B. R. C. | Paris. | 40 | Patapy. |

Lugdunum. Allier.

Concours n° 32

ÉCOLE DE GARÇONS, 23, RUE BOILEAU (16e Arr.)

Catégorie des Harmonies

3e DIVISION — 1re SECTION

GROUPE A

Jury : MM. L. GANNE, *président ;* A. DELHAYE ; HAECK, *secrétaire.*
Commissaire désigné par l'Administration : M. RÉGEY.

1er **Prix :** 600 francs.
2 **Prix :** 400 —
3e **Prix :** 250 —

MORCEAU IMPOSÉ

Les - Saltimbanques . . . . de LOUIS GANNE.

SOCIÉTÉS ET MORCEAUX DE CHOIX

No	Sociétés	Villes	Exéc.	Directeurs
1	Harmonie municipale. *Hyménée Maryon.* V. Puget.	Aire-s.-la-Lys (P.-de-C.)	56	Hennion.
2	La Jeune Ardennaise. *Ariane.* Boyer.	Les Htes-Rivières (Ard.)	45	L.-B. Barré.
3	Harmonie. *La Mort du Cid.* Janin Jaubert.	St-Sauveur (Somme).	38	E. Gaudefroy.
4	Harmonie. *Philine (ouverture).* L. Boyer.	Montdidier (Somme).	45	Tresch Oswald.
5	Harmonie de Neudorf. *Ouverture symphonique.* Buot.	Strasbourg (Alsace).	35	E. Bauer.
6	La Fraternelle. *Fête aux Flambeaux.* Wettge.	Escaudœuvres (Nord).	58	A. Ségard.
7	Société Philharmonique. *Genève (ouverture).* Gurtner.	St-Michel-en-Lherne.	43	P. Gouin.
8	Harmonie de Bourgoin. *Cortège de Ballet.* L. Lager.	Bourgoin (Isère).	61	J. Mazuir.
9	Ste-Cécile de Villedieu. *Concordia (ouverture).* Fontenelle.	Villedieu-l.-Poêles (Manche)	48	Peyré.

Concours spécial

des Sociétés de Paris et du département de la Seine

3e DIVISION — 1re SECTION

1er **Prix :** 250 francs. — 2e **Prix :** 150 francs.

MORCEAU IMPOSÉ

Féerie, Ballet . . . . de A. DELHAYE.

SOCIÉTÉS ET MORCEAUX DE CHOIX

No	Sociétés	Villes	Exéc.	Directeurs
1	Harm. l'Orphel. des P.T.T. *Excelsior.* A. Adroit.	Paris.	60	Leuliet.
2	Harm. commerciale et industrielle de la Goutte d'Or. *Marche symphonique.* L. Villermin.	Paris.	50	L. Fournier.

— 46 —

Concours n° 33

Catégorie des Harmonies

3e DIVISION — 1re SECTION
GROUPE B

Jury : MM. ROUCHAUD, *président ;* LETELLIER ; H. LAFFITTE, *secrétaire.*

Commissaire désigné par l'Administration : M. EYCHÈNE.

1er Prix :	600 francs.
2e Prix :	400 —
3e Prix :	250 —

MORCEAU IMPOSÉ

Les Saltimbanques................ de LOUIS GANNE.

SOCIÉTÉS ET MORCEAUX DE CHOIX

No	Sociétés	Villes	Exéc.	Directeurs
1	Harm. Républicaine. *Glorieuse Étoile (ouverture).* Coquelet.	Villeneuve-l.-Béziers (H.).	35 Dô	Joseph.
2	Union musicale. *Ouverture du "Bravo".* G. Salvayre.	Lesparre (Gironde).	42 Ch.	Coquemer.
3	L'Indépendante. *Gyptis (ouverture).* J. July.	Brassac-l-Mines (P.-de-D)	49	Grenouillet.
4	Harmonie Union. *Miss Mary (ouverture).* D. Snœk.	Rosheim (Alsace).	30	L. Roos.
5	La Concorde. *Concordia (ouverture).* Fontenelle.	Angleur (Belgique).	55	E. Franck.
6	Société Philharmonique. *Ouverture du "Calife de Bagdad".* Boïeldieu.	Arcis-s-Aube (Aube).	56	E. Mugot.
7	Harmonie municipale. *Circé.* R. Brunel.	Chamonix (Hte-Savoie).	39	Thiry.
8	Harmonie municipale. *Lugdunum.* G. Allier.	Nay (Basses-Pyrénées).	56	Capdebosc.

Concours n° 34

ÉCOLE DE GARÇONS,
27, RUE DU PRÉ-SAINT-GERVAIS (19e Arr.)

Catégorie des Harmonies
3e DIVISION — 2e SECTION

Jury : MM. PISTER, *président ;* BOIDOT ; SIROS, *secrétaire.*
Commissaire désigné par l'Administration : M. LACHAUD.

Ier Prix :	500 francs.	
2e Prix :	300	—
3e Prix :	200	—

MORCEAUX IMPOSÉS

A. *La Veillée de l'Ange gardien* . . . . . de GABRIEL PIERNÉ
B. *La Cidrerie (Ramuntcho)* . . . .   —   —

SOCIÉTÉS ET MORCEAUX DE CHOIX

No	Sociétés	Villes	Exéc.	Directeurs
1	Les Enfants de l'Avenir	St-Xandre (Charente-Inf.)	37	Ph. Bibarb.
	Noces d'Omphale (fantaisie). Borrel.			
2	Harmonie municipale.	Beaumont (S.-et-O.)	62	Depesseville.
	Ouverture de Concours. Giraud.			
3	Harmonie municipale.	Vatan (Indre).	35	V. Ecroy.
	Fête alpestre. Avon.			
4	La Lyre Spinalienne.	Champ-du-Pin (Vosges).	36	A. Géhin.
	Glorieuse Étoile. Coquelet.			
5	Concordia.	Rombas (Alsace).	32	M. Becker.
	Vasanta Serra. C. Hanse.			
6	Lyre de Cherbourg.	Cherbourg (Manche).	33	Morel.
	Loin de ma Patrie (fantaisie). Bidaine.			
7	Harmonie municipale.	Sains-en-Amiénois (Som.)	33	Mercier.
	La Veillée en Artois. Bouchel.			

Concours spécial n° 35
des Sociétés de Paris et du département de la Seine
(même local, même jury)

Ier Prix :	200 francs.	
2e Prix :	125	—

1	Harmonie des fêtes de Paris.	Paris.	50	Bourillon.

SECTION SPÉCIALE
Prix unique : 200 francs

2	Harm. de l'École prim. sup.	Marcigny-sur-Loire.	52	Legouët.
	Ouverture de " la Poupée de Nuremberg ". A. Adam.			

Concours n° 36

Catégorie des Fanfares
DIVISION D'EXCELLENCE
Grand Prix de 10 000 francs du Conseil général

Jury : MM. G. BALAY, *président ;* H. BUSSER, CAZALIS
TURINE, N. BERENDT, F. CHAVATTE, ILES ; A. PETIT
secrétaire.
Commissaire désigné par l'Administration : M. MARCHAL.

1ᵉʳ Prix : 5 000 francs.
2ᵉ Prix : 3 000 —

MORCEAU IMPOSÉ

Ouverture caractéristique .... de BALAY.

SOCIÉTÉS ET MORCEAUX DE CHOIX

Nᵒ	Sociétés	Villes	Exéc.	Directeurs
1	Société Mus. des Fondeurs.	Port-Brillet (Mayenne).	104	J. Cossé.
	Ouverture des "Francs-Juges". Berlioz.			
2	Batley Old Band.	Batley (Angleterre).	24	A. Gray.
3	De Ware Vrienden.	Anvers (Belgique).	98	Vanhavenberg.
	Ouverture des "Francs-Juges". Berlioz.			
4	Luton Red Cross.	Luton (Angleterre).	26	W. Haliwell.
	Sélection sur des œuvres de Rossini, par Owen.			
5	Les Chasseurs du Tilleul.	Maubeuge (Nord).	123	A. Paimparé.
	Adagio et Allegro de la 2ᵉ Symphonie. Beethoven.			
6	Spencers Steel Works.	Newburn (Angleterre).	30	Ch. Ward.
	Sélection sur des œuvres de Weber, par Owen.			
7	Société Royale de Seraing.	Seraing (Belgique).	120	D. Vivegnes.
	Ouverture de "Maximilien Robespierre". Litolff.			
8	de Brœderband.	Anvers (Belgique).	101	Fr. Van Dyck.
	Ouverture de "Benvenuto Cellini". Berlioz.			

Concours spécial
des Sociétés de Paris et du département de la Seine

1ᵉʳ Prix : 2 000 francs.
2ᵉ Prix : 1 000 —

MORCEAU IMPOSÉ

Ouverture caractéristique .... de BALAY

SOCIÉTÉS ET MORCEAUX DE CHOIX

Nᵒ	Sociétés	Villes	Exéc.	Directeurs
1	La Sirène.	Paris.	138	L. Millet.
	Ouverture des "Pêcheurs de Saint-Jean". Ch.-M. Widor.			
2	Fanfare Boulonnaise.	Boulogne.	97	Charbonneau.
	Le Dernier Jour de la Terreur (ouverture). Litolff.			

Concours n° 37

Catégorie des Fanfares

DIVISION SUPÉRIEURE

Jury : MM. DANEAU, *président ;* JAN BLOCKX, MAC NAUGHT, J.-E. STRAUWEN ; LAMY, *secrétaire.*

Commissaire désigné par l'Administration : M. DUGLAS.

1er Prix : **2 500** francs.

2e Prix : **1 800** —

3e Prix : **1 000** —

MORCEAU IMPOSÉ

Vers la Lumière .... de N. DANEAU

SOCIÉTÉS ET MORCEAUX DE CHOIX

N°	Sociétés	Villes	Exéc.	Directeurs
1	Fanfare de Limoges. *Ouverture d'"Euryanthe".* Weber.	Limoges (Hte-Vienne).	82	Puybarraud.
2	Houghton Main Colliery. *Sélection.* Rossini.	Wombwell (Angleterre).	24	W. Halliwell.
3	Fanfare Riva-Bella. *Les Francs-Juges.* Berlioz.	Riva-Bella (Calvados).	40	E. Lebrasseur.
4	Fanfare Libre. *1re Symphonie.* Beethoven.	Vernon (Eure).	55	Couvrechef.
5	Fanfare de Dijon. *Ouverture du "Roi de Lahore".* Massenet.	Dijon (Côte-d'Or).	74	Em. Guy.
6	Fanfare Viennoise. *Cortège héroïque.* H. Fernand.	Blois (Loir-et-Cher).	78	M. Moreau.
7	Dannemora Steel Works. *Sélection.* Rossini-Owen.	Sheffield (Angleterre).	25	R. Richford.

Concours n° 38

ECCLE DE GARÇONS, 3, IMP. DES BOURDONNAIS
(1er Arr.)

Catégorie des Fanfares

1re DIVISION — 1e SECTION

Jury : MM. ANDRÉ, *président ;* EUSTORGE ; DUREAU fils, *secrétaire.*
Commissaire désigné par l'Administration : M. BARDY.

1er Prix : **1 500** francs.
2e Prix : **1 200** —
3e Prix : **800** —

MORCEAU IMPOSÉ

Marche de Triomphe .... de G. PARÈS

SOCIÉTÉS ET MORCEAUX DE CHOIX

N°	Sociétés	Villes	Exéc.	Directeurs
1	Fanfare Mussou.	La Garde (Var).	56	Castellan.
	1re Marche aux Flambeaux. Meyerbeer. ou *Ilza.* Villermin.			
2	Fanfare de Noailles.	Noailles (Oise).	55	Boulanger.
	Cortège Héroïque. Fernand.			
3	Les Attractionnistes.	Dax (Landes).	45	H. Lubet.
	Grande Marche triomphale. Vanremortel.			
4	Fanfare Libre.	Mayenne (Mayenne).	60	P. Refroignet.
	Egmont (ouverture). Beethoven.			
5	Société musicale.	Cestas (Gironde).	44	F. Delugin.
	Egmont (ouverture). Beethoven.			
6	Woodlands Village.	Brodworth (Angleterre).	25	Ch. Shelluson.
	Stifllies. Gladneys.			
7	Les Enfants d'Apollon.	Pons (Charente-Inf.)	42	L. Large.
	Phèdre (ouverture). Massenet.			
8	Castleford Subscription.	Castleford (Angleterre).	28	J.-W. Stamp.
	La Damnation de Faust. Berlioz. ou *Tannhäuser.* R. Wagner.			

Concours spécial

des Sociétés de Paris et du département de la Seine

1er Prix : **600** francs.
2e Prix : **400** —

MORCEAU IMPOSÉ

Le Jongleur de Notre-Dame .... de J. MASSENET.

SOCIÉTÉ ET MORCEAU DE CHOIX

1.	Soc. Mus. des Us. de la Soc. E. C. F. M.	Gennevilliers	67	M. G. Tourneur.
	Ilza (Polonaise). L. Villermin.			

Concours n° 39

ÉCOLE DE GARÇONS, 3, RUE DE LA JUSSIENNE
(2e Arr.)

Catégorie des Fanfares

Ire DIVISION — 2e SECTION

Jury : MM. A. FIJAN, *président ;* SUITER ; C. FIÉVET, *secrétaire.*
Commissaire désigné par l'Administration : M. HENRIOT.

Ier Prix : **1 000** francs.
2e Prix : 800 —
3e Prix : 600 —

MORCEAU IMPOSÉ

Le Jongleur de Notre-Dame . . . . de J. MASSENET.

SOCIÉTÉS ET MORCEAUX DE CHOIX

No	Sociétés	Villes	Exéc.	Directeurs
1	Fanfare Ouvrière. *Marche Cortège.* P. Gilson.	Dour (Belgique).	104	C. Lonys.
2	Fanfare des Fondeurs. *Benvenuto Cellini (ouverture).* Berlioz.	Ste Jamme-sur-Sarthe.	66	S. Dabouineau.
3	Fanfare des Vignerons. *Marche de Gala.* Allier.	St. Claude de Diray (L-et-C).	47	A. Fleury.
4	Fanfare des Tréfileurs. *Ouverture des "Noces de Figaro".* Mozart.	Mussy-sur-Seine (Aube).	40	Lefebvre.
5	Bolton Victoria Hall. *La Traviata.* Verdi.	Bolton (Angleterre).	27	H. Bennett.

Concours spécial

des Sociétés de Paris et du département de la Seine

Ier Prix : **500** francs.
2e Prix : **300** —

MORCEAU IMPOSÉ

Le Jongleur de Notre-Dame . . . . de J. MASSENET.

SOCIÉTÉS ET MORCEAUX DE CHOIX

No	Sociétés	Villes	Exéc.	Directeurs
1	Union musicale. *Andante de la 5e Symphonie.* Beethoven.	Issy-les-Moulineaux.	51	Pénet.
2	L'Avenir de Montmartre. *Symphonie en ut majeur.* Beethoven.	Paris.	45	E. Parent.

Concours n° 40

ÉCOLE DE GARÇONS,
2, RUE FERDINAND-BERTHOUD (3e Arr.)

Catégorie des Fanfares
2e DIVISION — 1re SECTION
GROUPE A

Jury : MM. SOYER, *président ;* G. MANCEAU ; ALDEBERT, secrétaire.
Commissaire désigné par l'Administration : M. LUBIN.

1er Prix : **800** francs.
2e : Prix : **600** —
3e Prix : **400** —

MORCEAU IMPOSÉ

Véronique .... de MESSAGER.

SOCIÉTÉS ET MORCEAUX DE CHOIX

No	Sociétés	Villes	Exéc.	Directeurs
1	Camden Unity. *Crispino.* Ricci.	Londres (Angleterre).	28	H.-W. Crane.
2	Fanfare municipale. *Marche de Gala.* G. Allier.	Sin-le-Noble (Nord).	72	H. Roire.
3	Indépendante, *Polonaise de Concert.* P. Vidal.	La Talaudière (Loire).	54	J. Delorme.
4	Société Musicale Libre. *Hyménée.* G. Allier..	Hermes (Oise).	44	Debrie.
5	La Châtelleraudaise. *Le Triomphe des Déesses.* Borrel.	Châtellerault (Vienne).	46	A. Vivier.
6	Fanfare. *Hyménée.* G. Allier.	Ruffey-l-.Echirey (C.d'Or)	34	P. Durand.
7	Fanfare municipale. *Grande Marche.* X...	La Chapelle-aux-Pots (O.)	43	Destailleurs.

— 53 —

Concours n° 41

ÉCOLE DE GARÇONS, 6, PLACE DES VOSGES
(4e Arr.)

Catégorie des Fanfares

2e DIVISION — 1re SECTION

GROUPE B

Jury : MM. CORROYEZ, *président ;* FRANQUIN ; A. SOYER, *secrétaire.*

Commissaire désigné par l'Administration : M. HEURTEBISE.

1er Prix : **800** francs.

2e Prix : **600** —

3e Prix : **400** —

MORCEAU IMPOSÉ

Véronique .... de MESSAGER.

SOCIÉTÉS ET MORCEAUX DE CHOIX

1 **Fanfare.**   Pibrac (Hte-Garonne).   44 M. Granadel.
Chants de Guerre. Andrieu.

2 **Fanfare d'Etupes.**   Etupes (Doubs).   51 C. Doriot.
Ouverture d'"Obéron". Weber.

3 **Horden Colling Silver Band.** Horden (Angleterre).   26 Edw. Coltman.
Fantaisie.

4 **Fanfare des Vignerons.**   Asnières-l.-Bourges (Cher) 40 H. Petit.
Fantaisie Ballet. G. Parès.

Concours n° 42

ÉCOLE DE GARÇONS, -
24, RUE DU CARDINAL-LEMOINE (5e Arr.)

Catégorie des Fanfares
2e DIVISION — 2e SECTION

Jury : MM. DE LA TOMBELLE, *président;* MULLER ; MA-
RINGUE, *secrétaire.*
Commissaire désigné par l'Administration : M. VENTRESQUE.

1er Prix : **700** francs.

2e Prix : **500** —

3e Prix : **300** —

4e Prix : **200** —

MORCEAU IMPOSÉ

Cavalcade .... de DE LA TOMBELLE.

SOCIÉTÉS ET MORCEAUX DE CHOIX

N°	Sociétés	Villes	Exéc.	Directeurs
1	Fanfare de Vouillé. *Olga.* Coquelet.	Vouillé (Vienne).	35	A. Godu.
2	La Vigneronne Indépend. *Ariane (ouverture).* L. Boyer.	Essommes-s-Marne (Aisne).	36	H. Papelard.
3	Musique municipale. *Ouverture d' "Egmont".* Beethoven.	Vervins (Aisne).	57	H. Gobeaux.
4	Union harmonique. *L'Attaque du Moulin.* A. Bruneau.	Barbaste (Lot-et-Gar.)	46	L. Duffaure.
5	Union musicale. *Retsiem.* Meister.	Claye-Souilly (S. et-M.)	35	Baillon.
6	Fanfare l'Avenir. *Poème de France (ouverture).* L. Reynaud.	Monceau-l.-Mines (S.-et-L.).	54	F. Ailliot.
7	Société musicale. *Rosabelle.* G. Wettge.	Bellegarde (Ain).	44	C. Goyot.
8	Fanfare des Aciéries. *Rosabelle.* G. Wettge.	Unieux (Loire).	40	Monnier.
9	Union musicale. *Aubade à Colombine.* Kelsen.	Angers (M.-et-L.).	47	Englebert.
10	L'Avenir. *Jeanne Maillotte (ouverture).* J. Reynaud.	Loupoigne (Belgique).	40	A. Heilier.

Concours n° 43

ÉCOLE DE FILLES, 85, BOULEVARD RASPAIL
(6e Arr.)

Catégorie des Fanfares

3e DIVISION — 1re SECTION
GROUPE A

Jury : MM. YVAIN, *président ;* BRIARD ; DE BUSSY, *secrétaire.*
Commissaire désigné par l'Administration : M. F. SIROUX.

1er Prix : **600** francs.
2e Prix : **400** —
3e Prix : **250** —

MORCEAU IMPOSÉ

Patrie .... de PALADILHE.

SOCIÉTÉS ET MORCEAUX DE CHOIX

N°	Sociétés	Villes	Exéc.	Directeurs
1	Fanfare de l'Ecole normale. *Coppélia.* Léo Delibes.	Caen (Calvados).	38	Brousse.
2	Fanfare du Faubourg St-Pierre. *Lugdunum.* G. Allier.	Amiens (Somme).	44	Mager.
3	Fanfare. *Les Guerriers Francks.* Borrel.	Prouilly (Marne).	29	Rochette.
4	Fanfare. *Vérona (fantaisie militaire).* Senée.	Saulx-l-Chartreux (S.-O.)	33	E. Caumont.
5	Les Enfants d'Aiguillon. *Sélection sur " Salammbô".* Reyer.	Aiguillon (Lot-et-Gar.)	42	D. Andrieu.
6	Fanfare. *Andante de la 5e Symphonie.* Beethoven.	Dun-sur-Auron (Cher).	43	L. Pautrat.
7	Fanfare municipale. *Dans la Bruyère.* Gevaert.	Vignacourt (Somme).	33	Fertel.

Concours n° 44

ÉCOLE DE GARÇONS, 42, AVENUE DUQUESNE
(7e Arr.)

Catégorie des Fanfares
3e DIVISION — 1re SECTION
GROUPE B

Jury : MM. Mauduit, *président ;* Laforgue; Sévénery, se·
crétaire.
Commissaire désigné par l'Administration : M. Martinage.

1er Prix : **600 francs.**
2e Prix : **400** —
3e Prix : **250** —

MORCEAU IMPOSÉ

Patrie .... de Paladilhe.

SOCIÉTÉS ET MORCEAUX DE CHOIX

No	Sociétés	Villes	Exéc.	Directeurs
1	Fanfare municipale. *Le Fils de la Nuit.* P. André.	Egry (Loiret).	38	A. Millet.
2	Société musicale. *Sélection sur " la Walkyrie".* R. Wagner.	Seurre (Côte-d'Or).	35	A. Martinot.
3	Wandworth Borough. *Poliuto.* Donizetti.	Wandworth (Angleterre).	26	W. Heath.
4	L'Avenir musical. *Le Nouveau Seigneur du Village.* Boïeldieu.	Demuin (Somme).	29	N. Lhermitte.
5	Fanfare municipale. *Cour d'Amour.* Reynaud.	Saint-Sauveur (Oise).	34	R. Regnault.
6	Société musicale. *Ouverture de " la Poupée de Nuremberg".* Adam.	Parentis-en-Born (Landes)	48	F. Tassine.

Concours n° 45

ÉCOLE DE FILLES, 28, RUE DU GÉNÉRAL-FOY

(8e Arr.)

Catégorie des Fanfares

3e DIVISION — 1re SECTION

GROUPE C

Jury : MM. KOCH, *président ;* WALLET ; STRADY, *secrétaire.*

Commissaire désigné par l'Administration : M. DUBOY.

1er Prix : **600** francs.

2e Prix : **400** —

3e Prix : **250** —

MORCEAU IMPOSÉ

Patrie .... de PALADILHE.

SOCIÉTÉS ET MORCEAUX DE CHOIX

No	Sociétés	Villes	Exéc.	Directeurs
1	Great Central et Metropol. *Sullivan (opéra) N° 2.* Sullivan.	Londres (Angleterre).	24	R. Moore.
2	Fanfare. *Chants de guerre (ouverture).* F. Andrieu.	Vassy (Hte-Marne).	36	A. Mathieu.
3	Lyre Chaumerande. *Marche triomphale.* Van Remoortel. ou *Sylviane.* Labole.	Longchaumois (Jura).	33	R. Prost.
4	Fanfare municipale. *Rosabelle.* G. Wettge.	Dizy-Magenta (Marne).	48	E. Marcoux.
5	Fanfare de la Poudrerie. *Le Moine légendaire.* F. Mourgue.	St-Médard-en-Jalles (Gir.)	33	Fr. Maurice.
6	Fanfare municipale. *Schiller-Marsch.* Meyerbeer.	Mardeuil (Marne).	36	G. Bournon.

Concours n° 46

ÉCOLE DE GARÇONS, 32, RUE DE BRUXELLES
(9e Arr.)

Catégorie des Fanfares

3e DIVISION — 2e SECTION
GROUPE A

Jury : MM. MICHEL, *président ;* OUDET ; RADIGUER, *secrétaire.*
Commissaire désigné par l'Administration : M. BOUCHÉ.

1er Prix : **500** francs.
2e Prix : **300** —
3e Prix : **200** —
4e Prix : **150** —

MORCEAU IMPOSÉ

Le Jour et la Nuit..................... de CH. LECOCQ.

SOCIÉTÉS ET MORCEAUX DE CHOIX

N°	Sociétés	Villes	Exéc.	Directeurs
1	Fanfare.	Gazeran (S.-et-O.)	25	F. Héron.
	La Reine des Concours. P. Buot.			
2	Le Réveil musical.	Channay (Indre-et-Loire).	32	A. Ribassin.
	Mosaïque sur des chefs-d'œuvre classiques, par E. Gaudon.			
3	La Vigneronne.	Trigny (Marne).	24	M. Marion.
	Ouverture française. L. Reynaud.			
4	Union musicale.	La Ferté-Loupière (Yonne)	34	Willem Bernard
	Ballet Antique. G. Guillement.			
5	Fanfare des Verreries.	Bar-sur-Seine (Aube).	40	M. Andraud.
	Cortège héroïque. H. Fernand.			
6	Les Amis réunis.	Revin (Ardennes).	37	F. Lugand.
	1re *Marche aux Flambeaux.* Meyerbeer.			
7	Fanfare.	Nemours (S.-et-M.)	35	A. Petit.
	Une équipée du Régent. Mourgan.			
8	Union musicale.	St-Romain de Colbosc (S-Inf.)	28	G. Lebrun.
	Les Glaneuses. Fernand.			
9	Les Amis de l'Agriculture.	Verrières-l-Buissons (S-O.)	39	L. Ulrich.
	La Confiance (ouverture). Vanremoortel.			

Concours n° 47

Catégorie des Fanfares

3ᵉ DIVISION — 2ᵉ SECTION
GROUPE B

Jury : MM. BOYRIE, *président ;* MELLIN, LUIGINI, *secrétaire.*
Commissaire désigné par l'Administration : M. LALANDE.

1ᵉʳ Prix : **500** francs.

2ᵉ Prix : **300** —

3ᵉ Prix : **200** —

MORCEAU IMPOSÉ

Le Jour et la Nuit.................... de CH. LECOCQ.

SOCIÉTÉS ET MORCEAUX DE CHOIX

Nᵒ	Sociétés	Villes	Exéc.	Directeurs
1	Union Witellienne. *3ᵉ Marche aux Flambeaux.* Meyerbeer.	Vitteaux (Côte-d'Or).	34	Lefol.
2	Lyre Beaumontoise. *La Muse des Victoires.* P. Pautrat.	Beaumont-de-L. (T.-et-G.)	35	Carrié.
3	Fanfare. *Wilhelmine (ouverture).* L. Boyer.	Havrincourt (P.-du-C.)	49	E. Varret.
4	Union ouvrière. *La Cour d'Amour.* L. Reynaud.	Pâlis (Aube).	23	E. Dupuis.
5	Union musicale. *Samson et Dalila.* Saint-Saëns.	Porcieu-Amblagnieu (Is.)	39	P. Thollon.
6	Fanfare. *Retsiem.* Meister.	Bigadan (Gironde).	32	Gueyne.
7	Lyre Auvillaraise. *Nabuchodonosor.* Verdi.	Auvillars (Tarn-et-Gar.)	25	J. Pérès.
8	La Renaissante. *Chants de guerre.* Andrieu.	St-Hilaire-le-Grand (Marne)	30	A. Valmy.
9	La Lyre ouvrière. *La Veillée en Artois.* Bouchel.	Beuvardes (Aisne).	29	E. Lamy.

Concours n° 48

ÉCOLE DE GARÇONS, 19, RUE DES TAILLANDIERS
(11e Arr.)

Catégorie des Fanfares

3e DIVISION — 2e SECTION

GROUPE C

Jury : MM. Monbarin, *président ;* Joseph; P. Jung, *secrétaire*
Commissaire désigné par l'Administration : M. Roy.

1er Prix : **500 francs.**

2e Prix : **300** —

3e Prix : **200** —

MORCEAU IMPOSÉ

Le Jour et la Nuit..................... de Ch. Lecocq.

SOCIÉTÉS ET MORCEAUX DE CHOIX

No	Sociétés	Villes	Exéc.	Directeurs
1	Fanfare. *Excelsior.* A. Adroit.	Ailly-s-Somme (Somme).	31	Marie Caron.
2	Musique municipale. *Concordia (ouverture).* Fontenelle.	Mers-les-Bains (Somme).	37	Myr.
3	Union musicale. *Ballet antique.* Guillement.	St-Marcel (S.-et-L.)	55	E. Petiot.
4	Fanfare. *Ballet antique.* Guillement.	Volnay (Côte-d'Or).	27	E. Pillot.
5	Société musicale. *Tolosa (ouverture).* L. Reynaud.	Izieux (Loire).	43	A. Carteron.
6	Fanfare Fontaine Daniel. *Travail et Progrès.* L. Caninez.	St-Georges-Buttavent (May.)	34	E. Bouvier.
7	L'Espérance. *Ouverture fantastique.* Govaert.	Venteuil (Marne).	27	H. Hennequin.
8	Société musicale. *Retsicm.* Meister.	Les Gras (Doubs).	32	P. Garnache.

Concours n° 49

ÉCOLE DE FILLES, 17, RUE DE REUILLY (12ᵉ Arr.)

Catégorie des Fanfares

3ᵉ DIVISION — 3ᵉ SECTION

GROUPE A

Jury : MM. Kelsen, *président ;* Malézieux ; Chevreult, *secrétaire.*
Commissaire désigné par l'Administration : M. Hiltzer.

1ᵉʳ Prix : 400 francs.
2ᵉ Prix : 200 —
3ᵉ Prix : 100 —

MORCEAU IMPOSÉ

Jean de Finlande (ouverture)............... de Hummel.

SOCIÉTÉS ET MORCEAUX DE CHOIX

Nº	Sociétés	Villes	Exéc.	Directeurs
1	Fanfare. *Mosaïque sur "Joseph".* Méhul.	Savières (Aube).	32	A. Rivière.
2	L'Avenir. *Ouverture romantique.* Cordonnier.	Neuilly-le-Réal (Allier).	29	Courtinat.
3	Fanfare. *Excelsior.* A. Adroit.	Courseulles-s-Mer (Calv.)	38	H. Warnier.
4	Fanfare. *Gratianopolis.* E. Mullot.	Kopstal (Luxembourg).	32	Renson.
5	Union musicale. *Hyménée.* G. Allier.	Toulon-s-Allier (Allier).	26	Vidal.
6	Union musicale. *L'Artésienne.* Bouchel.	La Motte-Servolex (Sav.)	33	P. Landry.
7	Fanfare. *Phébé (ouverture).* F. Andrieu.	Pin l'Emagny (H.-Saône).	21	E. Fardeau.
8	Fanfare municipale.	Souvigné (Indre-et-Loire).	23	M. Delours.

Concours nº 50

ÉCOLE DE GARÇONS, 30, BOUL. ARAGO (13e Arr.)

Catégorie des Fanfares

3e DIVISION — 3e SECTION

GROUPE B

Jury : MM. VIVET, *président ;* CARLIER ; GARRAS, *secrétaire.*
Commissaire désigné par l'Administration : M. CARBONNIER.

1er Prix : 400 francs.
2e Prix : 200 —
3e Prix : 100 —

MORCEAU IMPOSÉ

Jean de Finlande (ouverture) . . . . de HUMMEL.

SOCIÉTÉS ET MORCEAUX DE CHOIX

Nº	Sociétés	Villes	Exéc.	Directeurs
1	Union musicale.	Tricot (Oise).	26	Tallon.
	Les Deux Marquises (fantaisie). Bouchel.			
2	Les Amis réunis.	Lucenay (Rhône).	23	F. Ravet.
	Le Chalet du Poète. P. Pautrat.			
3	L'Echo d'Uriage.	St-Martin (Isère).	31	Cabart.
	La Côte d'Argent. Labole.			
4	Société lyrique.	St-Remy-s-Duro (P.-d.-C.)	22	Barge.
	Chants de guerre. Andrieu.			
5	Fanfare municipale.	Flavacourt (Oise).	21	Socrate Bass.
	Concours sérieux. Ch...			
6	Société lyrique.	Combronde (P.-de-C.)	24	A. Brun.
	La Grotte de Calypso, Amour **de dieu.**			
7	Fanfare municipale.	St-Jul.-Molin-Molette (L.).	25	J. Audouard.
	Conte de Fée. F. Minet.			

Concours n° 51

ÉCOLE DE FILLES, 71, RUE DE L'OUEST (14e Arr.)

Catégorie des Fanfares

3e DIVISION — 3e SECTION

GROUPE C

Jury : MM. BEAUBOIS, *président ;* VIALET ; BILBAUT, *secrétaire.*
Commissaire *désigné par l'Administration :* M. DAMVILLE.

1er Prix : **400** francs.
2e Prix : **200** —
3e Prix : **100** —

MORCEAU IMPOSÉ

Jean de Finlande (ouverture) .... de HUMMEL.

SOCIÉTÉS ET MORCEAUX DE CHOIX

N°	Sociétés	Villes	Exéc.	Directeurs
1	Fanfare municipale. *L'Exil de la Reine.* Mourgue.	Veules-l.-Roses (S.-Inf.)	25	L. Denoyer.
2	Fanfare municipale *Fantaisie sur " Guillaume Tell".* Rossini.	Poix (Somme).	26	E. Poiret.
3	Lyre du Vent d'Autan. *Lotus bleu.* L. Blémant.	St Fél. de Caraman (H.G.)	30	P. Bigorre.
4	Fanfare. *Euterpe.* Andrieu.	Bienville (Hte-Marne).	24	P. Chompret.
5	Union de la Vallée. *Cortège nuptial.* E. Avon.	Eysin-Pinet (Isère).	30	Janin.
6	Les Enfants de la France. *Rayon d'Espérance.* A. Violot.	St-Sandoux (Puy-de-D.)	25	Morel-Brissolette.

Concours n° 52

ÉCOLE DE GARÇONS, 3, RUE CORBON (15e Arr.)

Catégorie des Fanfares

3e DIVISION — 3e SECTION

GROUPE D

Jury : MM. PELTIER, *président ;* COMBELLE ; LARRUEL, *secrétaire.*
Commissaire désigné par l'Administration : M. CAVALIER.

1er Prix : **400 francs**
2e Prix : **200** —
3e Prix : **100** —

MORCEAU IMPOSÉ

Jean de Finlande (ouverture)............ de HUMMEL.

SOCIÉTÉS ET MORCEAUX DE CHOIX

No	Sociétés	Villes	Exéc.	Directeurs
1	L'Avenir. *Ouverture de " Titus ".* Mozart.	Sivery (Belgique).	48	A. Deneufbourg
2	North London Excelsior. *L'Africaine (sélection).* Meyerbeer.	Londres (Angleterre).	26	J.-W. Pursglove
3	Fanfare. *Rêves sur l'Océan.* E. Marsal.	Mesnil-Théribus (Oise).	30	A. Dubus.
4	Société philarmonique. *La Princesse d'Élide.* Mourgue.	Marchais (Aisne).	25	Lecointe Dollé.
5	Société musicale. *Vers le Mont Blanc.* P.-A. Vidal.	Nantua (Ain).	34	L. Barbier.
6	Shoredish Borough. *Mercadante.* H. Round.	Londres (Angleterre).	24	R.-S. Aldons.

Concours n° 53

ÉCOLE DE GARÇONS, 40, RUE BALAGNY (17ᵉ Arr.)

Catégorie des Fanfares

3ᵉ DIVISION — 3ᵉ SECTION

GROUPE E

Jury : MM. BLANCO, *président ;* BÈLE ; LOIRAUX, *secrétaire.*
Commissaire désigné par l'Administration : M. ANCEL.

1ᵉʳ Prix : 400 francs.

2ᵉ Prix : 200 —

3ᵉ Prix : 100 —

MORCEAU IMPOSÉ

Jean de Finlande (ouverture)............. de HUMMEL.

SOCIÉTÉS ET MORCEAUX DE CHOIX

Nᵒ	Sociétés	Villes	Exéc.	Directeurs
1	Fanfare. *Rêves sur l'Océan.* Marsal.	Thieulloy-l'Abb. (Somme)	20	Ranson.
2	La Persévérance. *Sobieski.* A. Paimparé.	Thuillies (Belgique).	56	F. Bertouille.
3	Fanfare. *La Fée Carabosse.* F. Andrieu.	Jambles (Saône-et-L.)	18	Vachet-Pandrey
4	La Fraternelle. *Fantaisie.* X...	Blignies (Aube).	18	A. Pochet.
5	Union musicale. *Viviane (ouverture).* P. Kelsen.	Laon (Aisne).	54	L. Morel.
6	Union musicale. *Un séjour à Grenoble (fantaisie).* E. Sciupi.	Givry pr. l'Orbiz (S.-et-L.)	28	G. Desjardin.
7	Sainte-Cécile. *Retsiem.* G. Meister.	Dompierre (Somme).	25	Parin.
8	Fanfare municipale. *Petit Voyage en mer.* H. Borrel.	Montcornet (Aisne).	26	G. Carlès.

Concours n° 54

SALLE PLEYEL, 22, RUE ROCHECHOUART (9e Arr.)

Catégorie des Symphonies

DIVISION D'EXCELLENCE

Jury : MM. G. Sporck, *président ;* P. Richelot, George, L. Jehin ; R. Brancour, *secrétaire.*
Commissaire désigné par l'Administration : M. Brender.

1er Prix : **1 500** francs.
2e Prix : **1 000** —

MORCEAU IMPOSÉ

Boabdil .... de G. Sporck.

SOCIÉTÉS ET MORCEAUX DE CHOIX

No	Sociétés	Villes	Exéc.	Directeurs
1	Société Concerts symphon. *Hungaria.* Liszt.	Amiens (Somme).	84	A. Renard.
2	Symphonie du 1er canton.	Bordeaux (Gironde).	65	F. Duclos.
3	Arthur Angle's Orchestra. *Rhapsodie galloise.* Ed. German. ou *La Grotte de Fingal.* Mendelssohn.	Cardiff (Angleterre).	60	Arthur Angle.

Concours n° 55

SALLE DES FÊTES DU "PETIT JOURNAL"
RUE CADET (9e Arr.)

Catégorie des Symphonies

DIVISION SUPÉRIEURE

Jury : MM. Th. Dubois, *président ;* R. Brunel ; E. Trépart, *secrétaire.*

Commissaire désigné par l'Administration : M. Renucci.

1er Prix : **1 000** francs.

2e Prix : **500** —

MORCEAU IMPOSÉ

Ouverture symphonique .... de Th. Dubois.

SOCIÉTÉS ET MORCEAUX DE CHOIX

N°	Sociétés	Villes	Exéc.	Directeurs
1	Harringay Orchestral. *Ouverture de "Raymond". A. Thomas.*	Londres (Angleterre).	40	H.-E. King.
2	Société lyrique. *Ouverture de "Nabuchodonosor". Verdi.*	Villiers-le-Bel (S.-et-O.)	35	Leroy.
3	Orkestereeniging Symph. *Athania (ouverture). Mendelssohn.*	Rotterdam (Hollande).	60	Georg Ryken.
4	Miss Evelyn Vickers amatr. *Allegretto Grazioso.* Léonard Butter.	Londres (Angleterre).	25	Miss E. Vickers

---

Concours spécial

des Sociétés de Paris et du département de la Seine

1er Prix : **500** francs.

2e Prix : **300** -

MORCEAU IMPOSÉ

Ouverture symphonique .... de Th. Dubois.

SOCIÉTÉ ET MORCEAU DE CHOIX

2	Sté mus. "Le Point d'Orgue" *L'Arlésienne (suite).* Bizet.	Paris.	40	Delouche.

Concours n° 56

ÉCOLE EDGARD-QUINET, 63, RUE DES MARTYRS
(9e Arr.)

Catégorie des Estudiantinas
DIVISION D'EXCELLENCE

Jury : MM. A. COTTIN, *président ;* J. BALESTRIÈRE, A. BRODY,
ZURFLUH ; H. BRODY, *secrétaire.*
Commissaire désigné par l'Administration : M. DE LAJARTE.

1er Prix : 1 000 francs. — 2e Prix : 600 francs.

MORCEAU IMPOSÉ

Prométhée (ouverture) ..... de BEETHOVEN, arr. par A. Cottin

SOCIÉTÉS ET MORCEAUX DE CHOIX

No	Sociétés	Villes	Exéc.	Directeurs
1	Circolo Mandolinisti.	Crémone (Italie).	26	G.-F. Poli.
2	Estudiantina Excelsior.	Anvers (Belgique).	12	J. Benoît.
	Obéron (ouverture). Weber.			
3	Circolo Mandolinisti Flora.	Cômo (Italie).	26	Cappell. Arrigo.
	3e T° *Quatuor.* Debussy.			
	4e T° finale du *Quatuor en ré majeur.* Borodine.			

DIVISION SUPÉRIEURE

Jury : Voir ci-dessus.

1er Prix : 600 francs. — 2e Prix : 400 francs.

MORCEAU IMPOSÉ

Sérénade Génoise............... de ALEXANDRE BRODY.

SOCIÉTÉS ET MORCEAUX DE CHOIX

	Sociétés	Villes	Exéc.	Directeurs
	L'Estudiantina.	Bruxelles (Belgique).	28	Favart.
	Peer Gynt (1e suite). Grieg.			
2	Luton Mandolin Band.	Luton (Angleterre).	27	P.-James Bone
	I mandolini a congresso. C. A. Bracco.			
3	Estudiantina Angevine.	Angers (Maine-et-Loire).	28	Besnard.
	Demone et Angelo. Bert.			

Concours spécial
des Sociétés de Paris et du département de la Seine

1er Prix : 500 francs. — 2e Prix : 300 francs.

MORCEAU IMPOSÉ

Sérénade génoise............... de ALEXANDRE BRODY.

SOCIÉTÉ ET MORCEAU DE CHOIX

	Sociétés	Villes	Exéc.	Directeurs
1	Estudiantina du XVIIIe.	Paris.	34	Ch. Féret.
	L'Arlésienne (suite en 4 parties). Bizet.			

Concours nº 57

Catégorie des Trompettes

DIVISION D'EXCELLENCE

Jury : MM. VATTEPIN, *président ;* PRODHOMME, TREUCHE ;
WILLEDAMNE, *secrétaire.*
Commissaire désigné par l'Administration : M. FINEL.

1er Prix : **500** francs.
2e Prix : **400** —
3e Prix : **300** —

MORCEAU IMPOSÉ

Fête parisienne .... de MUNIER.

SOCIÉTÉS ET MORCEAUX DE CHOIX

Nº	Sociétés	Villes	Exéc.	Directeurs
1	Trompettes Bugistes. *Torino (fantaisie).* Bichon.	St-Rambert (Ain).	43	A. Bichon.
2	Echo des Trompettes. *Marche triomphale.* L. Mathieu.	Etterbeck (Belgique).	40	L. Mathieu.
3	L'Avenir Sparnacien. *Marche aux Flambeaux.* Wittmann.	Epernay (Marne).	54	Roger Abel.
4	Velo-Club Vrije Nielers. *Retour de Chasse.* M. Bleger.	Wilayek (Belgique).	34	Soetewey.

Concours spécial

des Sociétés de Paris et du département de la Seine

1er Prix : **300** francs.
2e Prix : **200** —

MORCEAU IMPOSÉ

Fête parisienne .... de MUNIER.

SOCIÉTÉS ET MORCEAUX DE CHOIX

Nº	Sociétés	Villes	Exéc.	Directeurs
1	Paris-Fanfare. *Le Kanak.* Gadenne.	Paris.	45	L. Chatelain.
2	La Revanche d'Ivry.	Ivry.	35	Baumann.
3	La Pantinoise. *Zinnia.* Gadenne.	Pantin.	40	L. Raës.

Concours n° 58

ÉCOLE DE GARÇONS, 83, RUE MICHEL-BIZOT
(12e Arr.)

Catégorie des Trompettes
DIVISION SUPÉRIEURE

Jury : MM. GADENNE, *président ;* RUELLE; ROUCHON, *secré-taire.*
Commissaire désigné par l'Administration : M. LADRECH.

1er Prix : **300 francs.**
2e Prix : **200** —
3e Prix : **100** —

MORCEAU IMPOSÉ

Kermesse aux Flambeaux............... de GADENNE.

SOCIÉTÉS ET MORCEAUX DE CHOIX

No	Sociétés	Villes	Exéc.	Directeurs
1	Etendard Thaonnais.	Thaon-les-Vosges (Vosges)	27	P. Hugain.
	Le Souvenir à l'Etendard. P. Hugain.			
2	La Renaissance.	Epinal (Vosges).	35	V. Ygout.
	Honneur aux Trompettes. Jantzy.			
3	Trompettes Fougeraises.	Fougères (Ille-et-Vilaine).	25	H. Fournier.
	La Madrilène. Viney.			
4	L'Alerte.	Champs-sur-Marne (S.-et-M.).	37	H. Pigueur.
	Paris (ouverture). André.			

Concours spécial
des Sociétés de Paris et du département de la Seine

1er Prix : **200 francs.**
2e Prix : **100** —

MORCEAU IMPOSÉ

Kermesse aux Flambeaux............... de GADENNE.

SOCIÉTÉ ET MORCEAU DE CHOIX

1	Étendard.	Saint-Denis.	35	Giret.
	Zinnia. Gadenne.			

Concours n° 59

Catégorie des Trompes de Chasse

DIVISION D'EXCELLENCE

Jury : MM. V. VINEY, *président ;* O. SCHIFF, BONIN, M. LE COMTE DE LA PORTE ; LAURENCEAU, *secrétaire.*

Commissaire désigné par l'Administration : M. BUCHAUD.

1er **Prix : 500 francs.**

2e **Prix : 400 —**

3e **Prix : 300 —**

MORCEAU IMPOSÉ

La Fête à l'Hermitage .... de E. POULET.

SOCIÉTÉS ET MORCEAUX DE CHOIX

No	Sociétés	Villes	Exéc.	Directeurs
1	La Saint-Hubert.	Luxeuil (Haute-Saône).	18	Baron.
	Franche-Comté (fantaisie). Jobard.			
2	Rallye-Chalon.	Chalon (Saône-et-Loire).	15	Musard.
	Légion d'Honneur. Musard.			
3	Les Virtuoses de la Chasse.	Toulouse (Hte-Garonne).	12	E. Ruffel.
	Rendez-vous de Chasse. Rossini.			
	Les Fêtes du Cerf. Marquis de Dampierre.			

Concours spécial

des Sociétés de Paris et du département de la Seine

1er **Prix : 300 francs.**

2e **Prix : 200 francs.**

MORCEAU IMPOSÉ

La Fête à l'Hermitage .... de E. POULET.

SOCIÉTÉS ET MORCEAUX DE CHOIX

No	Sociétés	Villes	Exéc.	Directeurs
1	Les Echos d'Angoulême.	Paris.	16	Cantin.
	Repos dans les Bois. Cantin.			
2	L'Echo.	Saint-Denis.	15	Konneradt.
	Brise embaumée. Ch. Hell.			

Concours n° 59

GYMNASE, 27, RUE DE LA BIDASSOA (20e Arr.)

Catégorie des Trompes de Chasse
DIVISION SUPÉRIEURE

Même Jury que Division d'Excellence.

1er Prix : **300** francs.
2e Prix : **200** —
3e Prix : **100** —

MORCEAU IMPOSÉ

Roncevaux .... de G. WITTMANN.

SOCIÉTÉS ET MORCEAUX DE CHOIX

No	Sociétés	Villes	Exéc.	Directeurs
1	Les Vingt. *Déesse des Forêts.* Viney.	Vouvray (Indre-et-Loire)	20	L. Pinon.
2	Rallye-Louviers. *Souvenirs de Roncevaux.* C. Vincent.	Louviers (Eure).	11	Bourard.
3	L'Eveil des Chasseurs. *La Fête des Ajoncs.* Jobard.	Seloncourt (Doubs).	10	S. Moureaux.
4	Le Rallye Cor Alpin. *Esterel (fantaisie).* Tyndon Grayer.	Grenoble (Isère).	21	Sayettat.

Concours spécial

des Sociétés de Paris et du département de la Seine

1er Prix : **200** francs.
2e Prix : **100** —

MORCEAU IMPOSÉ

Roncevaux .... de G. WITTMANN.

SOCIÉTÉ ET MORCEAU DE CHOIX

No	Sociétés	Villes	Exéc.	Directeurs
1	Rallye Cor du XXe. *L'Hymne à l'Aurore.* Piat.	Paris.	11	B. Piat.

— 73 —

Concours n° 60

ÉCOLE DE GARÇONS,
1, RUE DU GÉNÉRAL-LASSALLE (19e Arr.)

Catégorie des Tambours et Clairons
DIVISION D'EXCELLENCE

Jury : MM. J. PAGET, *président ;* BEAUMONT, DUMAY, ISNARD ;
DROUHIN, *secrétaire.*

Commissaire désigné par l'Administration : M. FOURMANOY.

1er Prix : 500 francs. — 2e Prix : 400 francs.
3e Prix : 300 francs.

MORCEAU IMPOSÉ

Salut aux Enfants de Provence.............. de J. PAGET.

SOCIÉTÉS ET MORCEAUX DE CHOIX

N°	Sociétés	Villes	Exéc.	Directeurs
1	Réveil Indépendant.	Carpentras (Vaucluse).	30	Joach. Escoffier
2	Les Chasseurs du Tilleul. *Mes adieux au 5e Génie.* J. Paget.	Maubeuge (Nord).	35	Cornet.
3	Fanfare Piscénoise. *Salut à mon beau clocher !* J. Paget.	Pézenas (Hérault).	34	Esclafit.
4	L'Alliance Cérès *Cérès en Fête.* L. Lefebvre.	Reims (Marne).	64	E. Breton.
5	La Clique Bayonnaise. *Fête printanière au pays basque.* X.	Bayonne (Basses-Pyr.)	30	J.-B. Barsoulat.
6	L'Avant-Garde. *Le Zouzou.* G. Parès. ou *Stoccom.* Gourdin.	Torcy (Seine-et-Marne).	25	Godar.

Concours spécial
des Sociétés de Paris et du département de la Seine

1er Prix : 300 francs.   2e Prix : 200 francs.

MORCEAU IMPOSÉ

Salut aux Enfants de Provence.............. de J. PAGET

SOCIÉTÉ ET MORCEAUX DE CHOIX

N°	Sociétés	Villes	Exéc.	Directeurs
1	Les Turcos. *Salut à mon beau clocher !* J. Paget.	Villejuif.	64	C. Villeret.
2	Le Réveil de Lutèce. *Solférino.* Paget.	Paris.	53	E. Champeil.

Concours n° 61

ÉCOLE, RUE DE LA GUADELOUPE

(18e Arr.)

Catégorie des Tambours et Clairons

DIVISION SUPÉRIEURE

Jury : MM. DEFRANCE, *président ;* BÉNI ; BRIZARD, *secrétaire.*
Commissaire désigné par l'Administration : M. CHAPET.

1er Prix : **300** francs.
2e Prix : **200** —
3e Prix : **100** —

MORCEAU IMPOSÉ

La Chanson du Bivouac.................. de G. PAGET.

SOCIÉTÉ ET MORCEAU DE CHOIX

N°	Sociétés	Villes	Exéc.	Directeurs
1	La Lyre.	Cherbourg (Manche).	38	

Concours spécial

des Sociétés de Paris et du département de la Seine

1er Prix : **200** francs.
2e Prix : **100** —

MORCEAU IMPOSÉ

La Chanson du Bivouac.................. de G. PAGET.

SOCIÉTÉ ET MORCEAU DE CHOIX

1 Le Réveil de Paris. Paris. 35 **Dieutegard.**
Marche triomphale. A. Fiquet.

SECTION SPÉCIALE

Prix spécial : **300** francs.

Fifres scolaires et laïcs. Firminy (Loire).

Concours n° 62

(LECTURE A VUE)

ECOLE DE FILLES 24, RUE DELAMBRE (14e Arr.)

Catégorie des Orphéons (Hommes)

DIVISION D'EXCELLENCE

GROUPE A

Jury : MM. Ch. René, *président ;* Fournets, Ancel, Noté, L. Vierne, Maugière ; Gouget, *secrétaire.*

Commissaire désigné par l'Administration : M. Boudon.

1er Prix : **800** francs.

2e Prix : une couronne vermeil grand module.

3e Prix : une palme — —

SOCIÉTÉS

No	Sociétés	Villes	Exéc.	Directeurs
1	Avenir Narbonnais.	Narbonne (Aude).	175	M. Nussy-Verdié.
2	Union chorale.	Salon (B.-du-R.).	110	M. Reynier.
3	Sainte-Cécile.	Angers (Maine-et-Loire).	90	C. Fichet.
4	London Welsh Male Choir	Londres (Angleterre).	120	M. Ganmor Morgan.
5	Stourb. Inst. Male Voice Choir.	Stourbridge (Angleterre).	60	Harry Woodall.
6	Swansea District Male Choir	Swansea.	110	Llewellyn R. Bowen.

Concours n° 63

(LECTURE A VUE)

ÉCOLE DE GARÇONS, 12, RUE TITON (11e Arr.)

Catégorie des Orphéons (Hommes)

DIVISION D'EXCELLENCE

GROUPE B

Jury : MM. G. CAUSSADE, *président ;* STAN GOLESTAN, DELA-
QUERRIÈRE, VUILLEMIN, MARICHELLE, MARCEILLAC;
BOUTIN, *secrétaire.*
Commissaire désigné par l'Administration : M. HILTZER.

1er Prix : **800 francs.**
2e Prix : une couronne vermeil grand module.
3e Prix : une palme   —   —

SOCIÉTÉS

No	Sociétés	Villes	Exéc.	Directeurs
1	Instit.-Chant. de Prague.	Prague (Autriche).	50	F. Spilka.
2	Choral Nadaud.	Roubaix (Nord).	230	J. Duysburg.
3	Lyre Havraise.	Le Havre (Seine-Inf.)	180	Belloncle.
4	Orphéonistes St-Quentinois.	Saint-Quentin (Aisne).	110	
5	Southport Vocal Union.	Southport (Angleterre).	60	J.-C. Clarke.

Concours spécial

des Sociétés de Paris et du département de la Seine

1er Prix : **500 francs.**
2e Prix : une couronne vermeil grand module.

1	Les Enfants de Paris.	Paris.	90	Walter.
2	Cercle choral parisien.	Paris.	91	Durand.

— 77 —   5

Concours n° 64

(LECTURE A VUE)

ECOLE DE GARÇONS, 21, RUE HAMELIN, (16e Arr.)

Catégorie des Orphéons (Femmes)

DIVISION D'EXCELLENCE

Jury : MM. SALEZA, *président ;* GEORGES PETIT, H. DANVERS, SALOMON, ESTYLE, Mme JEANNE RAUNAY; PERRIN, *secrétaire.*

Commissaire désigné par l'Administration : M. PIROCHE.

1er Prix : **600** francs.
2e Prix : une couronne vermeil grand module.
3e Prix : une palme — —

SOCIÉTÉS

N°	Sociétés	Villes	Ex°°.	Directrices
1	The Irish Ladies Choir.	Dublin (Irlande).	30	Cosslett-Heller.
2	Farmer Rd : Girls Choir Leyton.	Leyton (Angleterre).	50	M. M. Nicholls.
3	Blackpool Orpheus Glee Society.	Blackpool (Angleterre).	40	Clifford Higgin.
4	Manchester Vocal.	Manchester (Angleterre).	40	H. Whittaker.
5	Mrs Mary Laytons Ladies Choir	Londres (Angleterre).	40	Miss M. Layton
6	Padiham Ladies Choir.	Padiham (Angleterre).	40	Mrs E. Hitchon
7	Gitana Ladies Choir.	Birkenhead (Angleterre)	60	J. Albert Jones

Concours n° 65

(LECTURE A VUE)

ECOLE DE GARÇONS, 7, RUE SAINT-FERDINAND,
(17e Arr.)

Catégorie des Chorales mixtes sans accompagnement

DIVISION D'EXCELLENCE

Jury : MM. Lavignac, *président ;* O. de Lagoanère, Mme
Marié de l'Isle, M. Vieuille, Mme Michard,
MM. F. Rivière ; R. Pioch, *secrétaire.*
Commissaire désigné par l'Administration : M. Dousset.

1er Prix : **800 francs.**
2e Prix : une couronne vermeil grand module.
3e Prix : une palme —   —

SOCIÉTÉS

No	Sociétés	Villes	Exéc.	Directeurs
1	The Smallwood Metcalfe Choir.	Londres (Angleterre).	126	W. Smallwood Metcalfe Esq.
2	Manchester Vocal Society.	Manchester (Angleterre).	60	H. Whittaker
3	La Lyre.	Douai (Nord).	200	P. Allouchery.
4	Melton Mowbray Choral Society.	Melton (Angleterre).	45	W. Warner.
5	Halifax Madrigal Society	Halifax (Angleterre).	90	H. Shepley.
6	Glascow Choral Union.	Glascow (Angleterre).	191	H. Verbrugghen.
7	A Capella Gantois.	Gand (Belgique).	35	E. Hullebroeck.

Concours spécial

des Sociétés de Paris et du département de la Seine

1er Prix : **500 francs.**
2e Prix : une couronne vermeil grand module.

1	Les Enfants de Lutèce.	Paris.	80	Gémont.

Concours n° 66
(LECTURE A VUE)
SALLE GAVEAU (Salle des Quatuors) (8e Arr.)

Catégorie des Chorales mixtes avec accompagnement
DIVISION D'EXCELLENCE

Jury : MM. C. ERLANGER, *président ;* Mlle CHENAL, M. CHA-
DEIGNE, PECQUERY, Mlle JANE VIEU ; M. GRUET,
secrétaire.
Commissaire désigné par l'Administration : M. CARBONNIER.

1er Prix : **800 francs.**

2e Prix : une couronne vermeil grand module.

3e Prix : une palme

SOCIÉTÉS

N°	Sociétés	Villes	Exéc.	Directeurs
1	The Edward Mason Choir.	Londres (Angleterre).	100	Edw. Mason.
2	Union chorale.	Gosselies (Belgique).	108	Florent Laurent

Concours spécial
des Sociétés de Paris et du département de la Seine

1er Prix : **500 francs.**

2e Prix : une couronne vermeil grand module

1	Galin-Paris-Chevé.	Paris	60	Marcilly.

DIVISION SUPÉRIEURE

1er Prix : **600 francs.**

2e Prix : une couronne vermeil grand module.

3e Prix : une palme

SOCIÉTÉS

1	St. James Glee Party.	Londres (Angleterre).	30	J.-S. Marshall.
2	Newport United Choir.	Newport (Angleterre).	120	M. J. Stephens.

Concours n° 67

(LECTURE A VUE)

SALLE GAVEAU, 45, RUE DE LA BOÉTIE (8e Arr.)

Catégorie des Orphéons (Femmes)

DIVISION SUPÉRIEURE

Jury : M. CHAMBON, *président ;* Mme HÉGLON, Mme MATHIEU-
D'ANCY ; MM. MAILLEUX ; DUREAU fils, *secrét.*
Commissaire désigné par l'Administration : M. FOURMANOY.

  1er Prix : **400** francs.

  2e Prix : une couronne vermeil grand module.

  3e Prix : une palme --

SOCIÉTÉS

No	Sociétés	Villes	Exéc.	Directeurs
1	Birmingham Ladies Choir.	Birmingham (Angleterre).	20	
2	Miss Flor. Ethinger Ladies Choir.	Londres (Angleterre).	16	F. Ethinger.
3	Newport Ladies Choir.	Newport (Angleterre).	60	J. Stephens.
4	Triphena Ladies Choir.	Penrith (Angleterre).	30	Miss Thomson.
5	Liverpool Village Choir.	Liverpool (Angleterre).	50	R.-T. Edwards.
6	Bangor Ladies Choir.	Bangor (Angleterre).	35	Th. Thomas.

Concours n° 68

(LECTURE A VUE)

ECOLE DE FILLES, 41, RUE DE L'ARBALÈTE (5ᵉ Arr.)

Catégorie des Orphéons (Hommes)

DIVISION SUPÉRIEURE

GROUPE A

Jury : MM. DE MARTINI, *président ;* SIGWALT, ESCALAÏS, ALBERTI ; DESMET, *secrétaire.*

Commissaire désigné par l'Administration : M. LE GALL.

1ᵉʳ Prix : **600** francs.

2ᵉ Prix : une couronne vermeil grand module.

3ᵉ Prix : une palme — —

SOCIÉTÉS

Nᵒ	Sociétés	Villes	Exéc.	Directeurs
1	Les Enfants de Provence.	Aix (Bouches-du-Rhône).	52	A. Laugier.
2	Wavertree Imp. Glee Union	Liverpool (Angleterre).	50	David Green.
3	Les Ouvriers Réunis.	Gand (Belgique).	140	E. Stevens.
4	Lyre Tarbéenne.	Tarbes (Htes-Pyrénées).	108	L. Bordérès.
5	Morley Vocal Union.	Morley (Angleterre).	50	Sam Smith.
6	Union chorale.	La Bouverie (Belgique).	172	A. Harnould.
7	Excelsior Male Voice Choir	Hastlepool.	50	A. Smith B.A.

Concours n° 69

(LECTURE A VUE)

ECOLE DE GARÇONS, 6, RUE LOUVOIS (2e Arr.)

Catégorie des Orphéons (Hommes)

DIVISION SUPÉRIEURE

GROUPE B

Jury : MM. Ch. Lefebvre, *président ;* Garras, B. Tarquini d'Or, Picheran ; Victor Gasser, *secrétaire.*

Commissaire désigné par l'Administration : M. Fontaine.

1er Prix : **600 francs.**
2e Prix : une couronne vermeil grand module.
3e Prix : une palme — —

SOCIÉTÉS

N°	Sociétés	Villes	Exéc.	Directeurs
1	Choral " Les 30 ".	Lille (Nord).	45	Camille Stien.
2	Chorale Gaetano Donizetti	Milan (Italie).	50	C. Mattioli.
3	York Male Voice Choir.	York (Angleterre).	40	H.S. Wilkinson.
4	The Wren Male Choir.	Camberwell, Londres.	50	J.-C. French.
5	Orphéon de Tours.	Tours (Indre-et-Loire).	75	M. Sartel.
6	Orphéon Mines de Dourges	Hénin-Liétard (P.-de-C.)	96	Flor. Morel.

Concours n° 70

(LECTURE A VUE)

ECOLE DE GARÇONS, 9, RUE BLANCHE (9ᵉ Arr.)

Catégorie des Orphéons (Hommes)

DIVISION SUPÉRIEURE

GROUPE C

JURY : MM. L.-Ch. BATTAILLE, *président ;* GALEOTTI, VISEUR, VIGNEAU ; MARCHAND, *secrétaire.*
Commissaire désigné par l'Administration : M. CAVALIER.

1ᵉʳ Prix : **600** francs.
2ᵉ Prix : une couronne vermeil grand module.
3ᵉ Prix : une palme   —   —

SOCIÉTÉS

Nº	Sociétés	Villes	Exéc.	Directeurs
1	Habergham Glee Union.	Burnley (Angleterre).	50	E. Hitchon.
2	Orphéon Asturiano.	Gijon (Espagne).	80	J. Fernandez.
3	Union Chorale Carolorégienne.	Charleroi (Belgique).	120	Louis Laurent.
4	Les Enfants d'Aiguesmortes	Aiguesmortes (Gard).	41	H. Jeanjacques
5	Choral des Amis Réunis.	Saint-Etienne (Loire).	73	L. Lefebvre.
6	Chorale Vincenzo Bellini.	Ferrare (Italie).	50	Gino.

Concours spécial

des Sociétés de Paris et du département de la Seine

1ᵉʳ Prix : **400** francs.
2ᵉ Prix : une couronne vermeil grand module.

1	Chorale de Pantin.	Pantin (Seine).	63	Carion.
2	La Cigale de Paris.	Paris.	105	Verrier.

Concours n° 71

(LECTURE A VUE)

ECOLE DE GARÇONS,
10, AVENUE DE LAMOTTE-PICQUET (7e Arr.)

Catégorie des Chorales mixtes sans accompagnement

DIVISION SUPÉRIEURE

Jury : MM. E. DIET, *président ;* RENÉ BRANCOUR, Mme YVE-LING, RAM BAUD, M. JACQUET ; F. ANDRIEU, *secrétaire.*

Commissaire désigné par l'Administration : M. MULIN.

1re Prix : **600** francs.
2e Prix : une couronne vermeil grand module.
3e Prix : une palme   —   —

SOCIÉTÉS

N°	Sociétés	Villes	Date.	Directeurs
1	La Neustrie.	Caen (Calvados).	90	A. Bourdon.
2	Barnoldswick Choir.	Barnoldswick (Angl.)	68	Frederick Lord
3	Ealing Philharm. Society.	Ealing (Angleterre).	100	E.-V. Williams
4	The Birmingham Madrigal	Birmingham (Angleterre)	36	Cuthbert Stanley
5	The Ayr Burg and County Choir.	Ayr. (Angleterre).	40	F. Ely.
6	Willesden District Choir.	Willesden (Angleterre).	50	J.-S. Waddell.
7	Chesterfields et Dist. Mus. Union.	Chesterfields. (Angleterre).	99	J.-F. Staton.
8	The Glascow Orpheus Choir	Glascow (Angleterre).	100	H.-S. Roberton
9	London Scottish Choir.	Londres (Angleterre).	35	J.-B. Shaw.
10	The Bradford Old Choral.	Bradford (Angleterre).	100	E.-J. Pickles.

Concours n° 72

(LECTURE A VUE)

ECOLE DE GARÇONS, 15, RUE TURGOT (9e Arr.)

Catégorie des Orphéons (Femmes)

1re DIVISION — SECTION UNIQUE

Jury : Mmes ADINY, VINCI ; M. BARRÈS, *secrétaire.*

Commissaire désigné par l'Administration : M. GAGAIN.

1er Prix : **300** francs.

2e Prix : une couronne vermeil.

3e Prix : une palme vermeil grand module.

SOCIÉTÉS

No	Sociétés	Villes	Exéc.	Directeurs
1	Institut artistique.	Clermont-Fer. (P.-de-D.)	50	Gemont.
2	Rotton Park Ladies Choral.	Birmingham (Angleterre)	45	D.-N. Hopkins.
3	Cecilia Female Voice Choir.	Londres (Angleterre).	50	M. Harvey Grace.
4	Chorale de Jeunes Filles.	Saint-Quentin (Aisne).	41	E. Henning.

Concours n° 73

(LECTURE A VUE)

ECOLE DE GARÇONS, 10, RUE SAINT-LAMBERT
(15e Arr.)

Catégorie des Orphéons (Hommes)

Ire DIVISION — Ire SECTION

GROUPE A

Jury : MM. Stœsser, *président ;* Dousset ; L. Lataste, *secrétaire.*

Commissaire désigné par l'Administration : M. Demarseille

Ier Prix : **500** francs.
2e Prix : une couronne de vermeil.
3e Prix : une palme vermeil grand module.

SOCIÉTÉS

No	Sociétés	Villes	Exéc.	Directeurs
1	Shrewsbury Male Voice.	Shrewsbury (Angleterre).	40	W. J. Parry Jones
2	Les Bardes du Nord.	Lille (Nord).	75	Paul Fanyau.
3	Union chorale.	Montluçon (Allier).	56	Sœtens.
4	Orphéon Vauclusien.	Avignon (Vaucluse).	32	A. Chauvet.
5	Union Montagnarde.	Lourdes (Htes-Pyrénées).	80	Lay.
6	Orphéon Chambérien.	Chambéry (Savoie).	68	U. Pizzi.
7	Barclays Bank Musical.	Londres (Angleterre).	45	J.-W. Lewis.
8	Les Amis Réunis.	Saint-Quentin (Aisne).	65	Amandio.

Concours n° 74

(LECTURE A VUE)

ECOLE DE GARÇONS, 49, RUE LEGENDRE (17e Arr.)

Catégorie des Orphéons (Hommes)

1re DIVISION — 1re SECTION

GROUPE B

Jury : MM. E. Trépard, *président ;* J. Cottin ; P. Jung, secrétaire.

Commissaire désigné par l'Administration : M. Etevenon.

1er Prix : **500 francs.**

2e Prix : une couronne vermeil.

3e Prix : une palme vermeil grand module.

SOCIÉTÉS

No	Sociétés	Villes	Exéc.	Directeurs
1	Cercle choral de la Renaissance.	Marzagues (B.-du-R.)	66	J.B. Philip.
2	Echo du Roussillon.	Perpignan (Pyr.-Or.).	66	S. Paraire.
3	La Malmédienne.	Malmédy (Prusse Rhénane)	74	Alexis Delvaide
4	Chorale des Chemins de fer du Midi.	Bordeaux (Gironde).	56	L. Dintrans.
5	Cercle des Seize.	Charleroi (Belgique).	26	Félix Rayon.
6	Abertillery Male Voice.	Abertillery (Angleterre).	70	Th. Ford.

Concours n° 75

(LECTURE A VUE)

ECOLE DE GARÇONS, 20, RUE ETIENNE-MARCEL
(2e Arr.)

Catégorie des Orphéons (Hommes)
1re DIVISION — 2e SECTION

Jury : MM. J. GALLON, *président ;* J. THÉRY ; CUIGNACHE, *secrétaire.*
Commissaire désigné par l'Administration : M. LUBIN.

1er Prix : **300** francs.

2e Prix : une couronne vermeil.

3e Prix : une palme vermeil grand module.

4e Prix : une plaquette bronze.

SOCIÉTÉS

No	Sociétés	Villes	Exéc.	Directeurs
1	La Wallonnie de Bruxelles.	Bruxelles (Belgique).	65	L. Laurent.
2	Enfants de Wilhem.	Dieppe (Seine-Inférieure).	64	Bénoni Ropert.
3	Cercle des Orphéonistes.	Amiens (Somme).	85	G. Legrand.
4	Société chorale.	Villeneuve-s.-Lot.(L-et-G)	50	Gay.
5	L'Indépendante.	Verdun (Meuse).	47	Winandy.
6	Société chorale "Lovely"	Dudelange (Luxembourg).	75	Alb. Schacht.
7	Union orphéonique.	Decazeville (Aveyron).	43	A. Sénizergues.
8	Harmonie chorale.	Mulhouse (Alsace).	70	Aug. Gehin.
9	Chorale Edmond Schmidt.	Fresnes (Nord).	90	G. Etcheberry.
10	Société chorale.	Le Cateau (Nord).	59	Laude.

Concours spécial
des Sociétés de Paris et du département de la Seine

1er Prix : **250** francs.

2e Prix : une couronne vermeil.

1	Union orphéonique du XVe.	Paris.	71	F.-R. Robert.
2	Chorale municipale.	Maisons-Alfort (Seine).	70	Perier.

Concours n° 76

(LECTURE A VUE)

ÉCOLE DE FILLES, 48, RUE JENNER (13ᵉ Arr.)

Catégorie des Orphéons (Hommes)

2ᵉ DIVISION — 1ʳᵉ SECTION

GROUPE A

Jury : MM. BOURGEOIS, *président ;* L. POUJADE ; FOCKÉ, secrétaire.

Commissaire désigné par l'Administration : M. PELTIER.

1ᵉʳ Prix : **250** francs.

2ᵉ Prix : une couronne vermeil

3ᵉ Prix : une palme   —

SOCIÉTÉS

Nº	Sociétés	Villes	Exéc.	Directeurs
1	Chorale Eintracht.	Bischeim (Alsace).	26	G. Weber.
2	Les Enfants de la Brétouze.	Oyonnax (Ain).	60	L. Verdet.
3	Les Enfants de l'Auvergne.	Clermont-Fer. (P.-de-D.)	64	Soulacroup.
4	Les Enfants d'Eluza.	Eauze (Gers).	35	L. Dupuy.
5	Union Philharmonique.	Agen (Lot-et-Garonne).	38	Bru.
6	Lyre Dijonnaise.	Dijon (Côte-d'Or).	44	J. Carel.
7	Chorale Sainte-Cécile.	Sauve (Gard).	38	Mercoiret.

Concours n° 77

(LECTURE A VUE)

ÉCOLE DE GARÇONS, 39, RUE ALEXANDRE-DUMAS
(11e Arr.)

Catégorie des Orphéons (Hommes)

2e DIVISION — 1re SECTION

GROUPE B

Jury : MM. ENGEL, *président ;* MASSON ; H. BRUN, *secrétaire.*
Commissaire désigné par l'Administration : M. LADRECH.

1er Prix : 250 francs.

2e Prix : une couronne vermeil.

3e Prix : une palme —

SOCIÉTÉS

No	Sociétés	Villes	Exéc.	Directeurs
1	Avenir de Saint-Blaise.	Neuchatel (Suisse).	54	G.-L. Wolf.
2	Orphéon de La Réole.	La Réole (Gironde).	41	A. Coussirat.
3	Harmonie chorale.	Strasbourg (Alsace).	69	Alb. Wantz.
4	Sainte-Cécile.	Montauban (T.-et-G.)	55	L. Cazelles.
5	Orphéon de Grasse.	Grasse (Alpes-Maritimes).	40	G. Romans.
6	Orphéon de Fontenay-le-Comte.	Fontenay-le-Comte (V.)	55	P. Grouanne.
7	Harmonie chorale.	Bourg-les-Valence (Drôme).	50	E. Rochette.

Concours n° 78

(LECTURE A VUE)

ECOLE MATERNELLE, 111, AVENUE PARMENTIER
(11e Arr.)

Catégorie des Orphéons (Hommes)

2e DIVISION — 1re SECTION

GROUPE C

Jury : MM. BOUILLON, *président* ; CLÉNET ; M. LÉVY, *secrétaire.*

Commissaire désigné par l'Administration : M. SEGUIN.

1er Prix : **250** francs.

2e Prix : une couronne vermeil

3e Prix : une palme —

SOCIÉTÉS

No	Sociétés	Villes	Exéc.	Directeurs
1	Les Enfants de Fleury.	Fleury (Aube).	40	R. Jalabert.
2	Chorale "La Fraternelle"	Fougères (Ille-et-Vilaine).	48	Ch. Quinton.
3	Chorale de Beaumont.	Beaumont (Seine-et-Oise).	60	Carpentier.
4	Lyre amicale de Vauban.	Lille (Nord).	90	A. Carron.
5	Lyre Vauverdoise.	Vauvert (Gard).	80	Ch. Verdier.
6	Union chorale.	Romilly-s.-Seine (Aube).	50	C. Fromont.

Concours spécial

des Sociétés de Paris et du département de la Seine

1er Prix : **200** francs.

2e Prix : une couronne vermeil.

1	Chorale des P.T.T.	Paris.	65	Turotte.

Concours n° 79

(LECTURE A VUE)

ECOLE DE FILLES, 3, RUE DE BELZUNCE (10ᵉ Arr.).

Catégorie des Orphéons (Hommes)

2ᵉ DIVISION — 2ᵉ SECTION

GROUPE A

Jury : MM. H. CARRÉ, *président ;* LOYER ; MAURICE PESSE, *secrétaire.*

Commissaire désigné par l'Administration : M. ROY.

1ᵉʳ Prix : **200 francs.**

2ᵉ Prix : une couronne vermeil.

3ᵉ Prix : une palme   —

SOCIÉTÉS

Nº	Sociétés	Villes	Exéc.	Directeurs
1	Orphéon des Tramways.	Bordeaux (Gironde).	66	Bertin.
2	Chorale Indépendante.	Lunel (Hérault).	30	Viviès.
3	Chorale "Cécilia".	Neudorf, Strasbourg.	32	Ch. Ober.
4	Les Chanteurs Cévenols.	Le Vigan (Gard).	32	Rouquier.
5	Les Ménestrels Voironnais.	Voiron (Isère).	60	Bouclans.
6	Les Mélomanes Onnaingeois.	Onnaing (Nord).	55	M. Ruer.
7	Orphéons de Soissons.	Soissons (Aisne).	78	E. Mortier.
8	Chorale Sainte-Cécile.	Le Puy (Haute-Loire).	63	L. Alibert.

Concours spécial

des Sociétés de Paris et du département de la Seine

1ᵉʳ Prix : **150 francs.**

2ᵉ Prix : une palme vermeil.

1	Orphéon de Romainville.	Romainville (Seine).	40	F. Chausez.

Concours n° 80

(LECTURE A VUE)

ECOLE DE FILLES, 5, RUE MILTON (9e Arr.)

Catégorie des Orphéons (Hommes)

2e DIVISION — 2e SECTION

GROUPE B

Jury : MM. L. NIVERD, *président ;* FOUGERAY ; SCHWARTZ, *secrétaire.*
Commissaire désigné par l'Administration : M. MARTINAGE.

1er Prix : **200** francs.
2e Prix : une couronne vermeil.
3e Prix : une palme　　—

SOCIÉTÉS

No	Sociétés	Villes	Exéc.	Directeurs
1	Société chorale.	Nérac (Lot-et-Garonne).	32	E. Dufoir.
2	Choral Vannetais.	Vannes (Morbihan).	42	J. Labbé.
3	La Fraternelle.	Valence d'Agen (T.-et-G.)	40	L. Vignes.
4	Union chorale.	Coye (Oise).	33	Bréhamet.
5	Lyre Ouvrière Bressane.	Bourg (Ain).	58	Vietti.
6	Orphéon de Sèvres.	Sèvres (Seine-et-Oise).	40	Jost.
7	Orphéon de Firminy.	Firminy (Loire).	36	Sage.
8	Chorale de Salins.	Salins (Jura).	42	L. Martineau.

Concours n° 81

(LECTURE A VUE)

ÉCOLE DE GARÇONS,
66, BOULEVARD SAINT-MARCEL
(5e Arr.)

Catégorie des Orphéons (Hommes)

3e DIVISION — 1re SECTION

Jury : MM. SEGUY, *président ;* SARDET ; MOUCHET, *secrétaire.*
Commissaire désigné par l'Administration : M. GOUTEUR.

1er Prix : **150** francs.

2e Prix : une couronne vermeil.

3e Prix : une palme —

4e Prix : une plaquette

SOCIÉTÉS

No	Sociétés	Villes	Exéc.	Directeurs
1	Ad Artem.	Verviers (Belgique).	47	N. Fauconnier.
2	Orphéon Castelnaudarien.	Castelnaudary (Aude).	40	Ramon.
3	Les Enfants de Merville.	Merville (Hte-Garonne).	30	J. Duprat.
4	Avenir de Marengo.	Toulouse (Hte-Garonne).	51	Mercadier.
5	Chor. Etabl. de l'Artillerie.	Bourges (Cher).	51	Lanoizelez.
6	Orphéon de Romans.	Romans (Drôme).	65	Jeanton.
7	Orphéon.	Villeneuve-St-Georges.	37	Pelata.
8	Chorale de Sèvres.	Sèvres (Seine-et-Oise).	32	Pautut.
9	Enfants d'Orphée.	Cette (Hérault).	70	P. Gourmandin.
10	Union Fraternelle.	Figeac (Lot).	45	Dubernard.
11	Echo des Dômes.	Clermont-Fer. (P.-de-D.)	50	L. Gémont.
12	Chorale de Layrac.	Layrac (Lot-et-Garonne)	33	A. Berge.

Concours spécial

des Sociétés de Paris et du département de la Seine

1er Prix : **100** francs.

2e Prix : une palme de vermeil.

1	Chorale " La Dordogne "	Paris.	58	Bucken.
2	La Sérénade.	Epinay.	38	A. Marcastel.

Concours n° 82

(LECTURE A VUE)
ÉCOLE DE GARÇONS, 10, RUE DES QUATRE-FILS
(3e Arr.)

Catégorie des Orphéons (Hommes)
3e DIVISION — 2e SECTION

Jury : MM. LEROUX, *président ;* NYS ; CELOR, *secrétaire.*
Commissaire désigné par l'Administration : M. MUSSET.

1er Prix : 100 francs.
2e Prix : une couronne vermeil.
3e Prix : une palme —
4e Prix : une plaquette

SOCIÉTÉS

N°	Sociétés	Villes	Exéc.	Directeurs
1	Lyre Antiboise.	Antibes (Alpes-Maritimes)	30 D.	Oustric.
2	Chorale de Bohain.	Bohain (Aisne).	45	E. Blanchard.
3	Société chorale.	Argentan (Orne).	25	Drapier.
4	Echo de Corton.	Aloze-Corton (Côte-d'Or).	22	J. Carel.
5	Union chorale.	Avesnes-s-Helpe (Nord).	66	G. Bailliez.
6	Société orphéonique.	Suèvres (Loir-et-Cher).	28	Alph. Boutet.
7	Les Chant. d'Aspremont.	Peyrehorade (Landes).	66	G. Larrat.
8	Union orphéonique.	Montréal (Aude).	32	M. Caunes.
9	L'Avenir.	Châteaubriant (L.-Inf.)	38	Pastisson.
10	Cercle choral R. de Lassus.	Mons (Belgique).	75	Paul Thibaut.
11	Orphéon.	Essars-l-Béth. (P.-de-C.)	40	G. Prévost.

Concours spécial
des Sociétés de Paris et du département de la Seine.

1er Prix : 75 francs.
2e Prix : une plaquette

1	Chor. Anc. élèv. r. de Poissy.	Paris.	40 Louvet.

Concours n° 83

(LECTURE A VUE)

ÉCOLE MATERNELLE, 18, RUE POULLETIER (4e Arr.)

Catégorie des Orphéons (Hommes)

3e DIVISION — 3e SECTION

Jury : MM. KARREN, *président ;* PASSURF ; MOURET, *secrétaire*
Commissaire désigné par l'Administration : M. BRAILLY.

1er Prix : **50 francs espèces.**

2e Prix : **une couronne vermeil.**

3e Prix : **une palme** —

4e Prix : **une plaquette.**

SOCIÉTÉS

Nº	Sociétés	Villes	Exéc.	Directeurs
1	Echo de la Faucille.	Gex (Ain).	30	J. Bourier.
2	L'Espérance.	Thuméries (Nord).	32	A. Dupin.
3	Chorale laïque.	Fougères (Ille-et-Vil.)	37	P. Pichot.
4	Chorale Sainte-Baudile.	Fabrègues (Hérault).	38	Fr. Rouvier.
5	Orphéon de Reyniès.	Reyniès (Tarn-et-Gar.)	33	Labail.
6	L'Avenir.	Saint-Thibery (Hérault).	56	Alban Hugol.
7	Chorale amicale.	Feurs (Loire).	38	J. Garaud.
8	La Chorale de Gif.	Gif (Seine-et-Oise).	35	V. Degasse.
9	Union chorale.	Fère-en-Tardenois (A.)	35	A. Lafrance.
10	Philharmonique.	Montdidier (Somme).	28	Alp. Braut.
11	L'Echo du Vallon.	Seloncourt (Doubs).	27	Vermot-Desroches.
12	Les Enfants du Vigneron.	Saint-Savin (Isère).	29	Guillermard.

Concours n° 84

(LECTURE A VUE)

ÉCOLE DE GARÇONS, 25, RUE DE PASSY (16e Arr.)

Catégorie des Harmonies

DIVISION D'EXCELLENCE

GROUPE A

Jury : MM. Salvayre, *président ;* F. Touche, E. Bourdeau ; Mercier, Stenosse, Maurice Pesse ; Ithier, *secrétaire.*

Commissaire désigné par l'Administration : M. Augé.

1er Prix : 800 francs.

2e Prix : une couronne vermeil grand module

3e Prix : une palme — —

SOCIÉTÉS

No	Sociétés	Villes	Exéc.	Directeurs
1	Stadtmusik Bern.	Berne (Suisse).	80	
2	Dewsbury and District.	Dewsbury (Angleterre).	40	E.-F. Shewlis.
3	Harmonie Chartraine.	Chartres (Eure-et-Loir).	94	Durrieu.
4	Harm. Mines de Courrières.	Billy-Montigny (P.-de-C.)	130	Dusotoit.
5	Harmonie du 1er Canton.	Bordeaux (Gironde).	87	F. Duclos.
6	Harmonie des Usines.	Belfort (Haut-Rhin).	90	H.-V. Campo.

Concours spécial

des Sociétés de Paris et du département de la Seine

1er Prix : 500 francs.

2e Prix : une couronne vermeil grand module

1	L'Artistique.	Paris.	96	Gaston Petit.

Concours n° 85

(LECTURE A VUE)

ÉCOLE DE GARÇONS, 16, RUE LAUGIER (17e Arr.)

Catégorie des Harmonies

DIVISION D'EXCELLENCE

GROUPE B

Jury : MM. FL. SCHMITT, *président ;* RUHLMANN, ACKERMANN, DRESSEN, FOUGERAY, CHAVY ; BLANQUART, *secrétaire.*

Commissaire désigné par l'Administration : M. FÉLIX.

1er Prix : **800** francs.

2e Prix : une couronne vermeil grand module

3e Prix : une palme — —

SOCIÉTÉS

No	Sociétés	Villes	Exéc.	Directeurs
1	Philharmonie Liégeoise.	Liége (Belgique).	90	Th. Cloos.
2	Harm. royale Néerland.	Tilburg (Hollande).	62	J.-H. Kessels.
3	Lyre Narbonnaise.	Narbonne (Aude).	92	J. Corrouy.
4	Civica Societa Philharm.	Lugano (Suisse).	62	Enrico Dassetto.
5	Harm. Saint-Ferdinand.	Bordeaux (Gironde).	90	Ch. Meilhan.
6	Cercle Berlioz.	Lille (Nord).	124	J. Dupuis.

Concours n° 86

(LECTURE A VUE)

ÉCOLE DE GARÇONS, 21, RUE HAMELIN (16e Arr.)

Catégorie des Harmonies

3e DIVISION SUPÉRIEURE

GROUPE A

Jury : MM. FOURDRAIN, *président ;* LENFANT, LEJEUNE, J. DEBROUX ; MILLION, *secrétaire.*

Commissaire désigné par l'Administration : M. PIROCHE.

1er Prix : **600 francs.**

2e Prix : une couronne vermeil grand module.

3e Prix : une palme — —

SOCIÉTÉS

N°	Sociétés	Villes	Exéc.	Directeurs
1	Royale Harmonie.	Verviers (Belgique).	76	L. Sottrez.
2	Harmonie municipale.	Tours (Indre-et-Loire).	90	Lannoy.
3	Harmonie municipale.	Mâcon (Saône-et-Loire).	72	Laurent.
4	Lyre de Montreux.	Montreux (Suisse).	75	Th. Hillaert.
5	Harmonie Roannaise.	Roanne (Loire).	83	L. Masquelier.
6	Société Philharmonique.	Montluçon (Allier).	68	Lavest.

Concours n° 87

(LECTURE A VUE)

ÉCOLE DE FILLES, 250 bis, RUE SAINT-JACQUES
(5e Arr.)

Catégorie des Harmonies

DIVISION SUPÉRIEURE

GROUPE B

Jury : MM. VERONGE DE LA NUX, *président ;* GANAYE,
PICHARD, EPICASTE ; JULY, *secrétaire.*

Commissaire désigné par l'Administration : M. LE GALL

1er Prix : **600 francs.**

2e Prix : une couronne vermeil grand module

3e Prix : une palme

SOCIÉTÉS

No	Sociétés	Villes	Exéc.	Directeurs
1	Lyre Ouveillanaise.	Ouveillan (Aude).	75	**A. Miailles.**
2	Musique municipale.	Bernay (Eure).	92	**E. Tréfouel.**
3	Nieuwe Koninklijke.	Tilburg (Hollande).	55	**A.-A. Groot.**
4	Nouvelle Harm. Royale, Vlyt En Volharding.	Roosendaal Hollande).	55	**Adr. Somers.**
5	Harmonie d'Ezy.	Ezy (Eure).	83	**Ed. Marie.**
6	La Grande Harmonie.	Damprémy (Belgique).	94	**H. Hayet.**

Concours n° 88

(LECTURE A VUE)

ÉCOLES, 7, RUE SAINT-FERDINAND
(17e Arr.)

Catégorie des Harmonies

Ire DIVISION — Ire SECTION

Jury : MM. HIRCHMANN, *président ;* WILLIAM-MARIE ; AUDIGER, *secrétaire.*

Commissaire désigné par l'Administration : M. DOUSSET.

1er Prix : 500 francs.

2e Prix : une couronne vermeil.

3e Prix : une palme vermeil grand module.

SOCIÉTÉS

No	Sociétés	Villes	Exéc.	Directeurs
1	Harmonie du Commerce.	Arras (Pas-de-Calais).	83	Ch. Hiver.
2	Harmonie Choletaise.	Cholet (Maine-et-Loire).	60	E. Thaupio.
3	Banda musicale.	Villabartolomea(Italie).	57	Adolfo Accordi.
4	Harmonie et Chorale.	Condé-sur-Noireau (Calv.)	71	G. Guérard.
5	Welsh Band Swansea.	Swansea (Angleterre).	35	Sam. Hanney.
6	Philharm. dei Concordi.	Casale Maritimo (Italie).	41	R. Cianti.
7	Société de Musique.	Dudelange (Luxembourg).	65	A. Schacht.

Concours spécial

des Sociétés de Paris et du département de la Seine

1er Prix : 300 francs.

2e Prix : une couronne vermeil.

Ire DIVISION — Ire SECTION

1	Harmonie de Neuilly.	Neuilly-sur-Seine.	78	E. Merlier.
2	Harmonie municipale.	Pantin (Seine).	92	Ch. Maréchal.

Concours n° 89

(LECTURE A VUE)

ÉCOLE MATERNELLE, 41, RUE TRAVERSIÈRE
(12e Arr.)

Catégorie des Harmonies

1re DIVISION — 2e SECTION

Jury : MM. ANTHIOME, *président ;* A. RIZET ; HELLOUIN, *secrétaire.*
Commissaire désigné par l'Administration : M. FONTAINE.

1er Prix : **300 francs.**

2e Prix : une couronne vermeil.

3e Prix : une palme vermeil grand module.

SOCIÉTÉS

No	Sociétés	Villes	Exéc.	Directeurs
1	Philharmonie de Bessan.	Bessan (Hérault).	58	Malafosse.
2	Harmonie municipale.	Le Cateau (Nord).	85	A. Chabert.
3	Harmonie d'Houplines.	Houplines (Nord).	70	J. Strauwen.
4	Musique municipale.	Thann (Alsace).	58	A. Rübsamen.
5	Orphéon musical.	Mulhouse (Alsace).	71	A. End.
6	Philharmonica.	Castagnaro (Italie).	60	Fer. Cusinati.
7	Harmonie municipale.	Martiguy-Ville (Suisse).	64	P. Mautref.
8	Musique municipale.	Buhl près Guebwill. (Al.)	44	J. Meyer.

Concours spécial

des Sociétés de Paris et du département de la Seine

1	Harmonie municipale.	Nogent-sur-Marne (Seine).	58	Midy.

1er Prix : **250 francs.**

2e Prix : une couronne vermeil.

Concours n° 90

(LECTURE A VUE)
ÉCOLE DE GARÇONS, 53, RUE BAUDRICOURT
(13e Arr.)

Catégorie des Harmonies
2e DIVISION — 1re SECTION
GROUPE A

Jury : MM. FERTÉ, *président ;* LEMATTE ; DANIS, *secrétaire.*
Commissaire désigné par l'Administration : M. HAMON.

1er Prix : **250 francs.**
2e Prix : une couronne vermeil.
3e Prix : une palme

SOCIÉTÉS

No	Sociétés	Villes	Exéc.	Directeurs
1	Harm. de Kœnigshoffen.	Strasbourg (Alsace).	49	Alb. Hengé.
2	Lyre Gensacaise.	Gensac (Gironde).	62	Offroy.
3	Mus. l'Écho de Montréal.	Bédarrides (Vaucluse).	45	L. Sabatier.
4	Philharmonique.	Saint-Vallier (Drôme).	55	Prunier.
5	Soc. philharm. Moncalieri.	Moncalieri (Italie.	51	F.-C. Tancredi.
6	La Jeune Rochellaise.	La Rochelle (Ch.-Inf.)	53	
7	L'Indépendante.	Carmaux (Tarn).	66	Routard.

Concours spécial
des Sociétés de Paris et du département de la Seine

1er Prix : **200 francs.**
2e Prix : une couronne vermeil.

1	Harmonie du Panthéon.	Paris.	69	Séguélas.
2	Harmonie de Billancourt.	Billancourt (Seine).	102	Evrard.

Concours n° 91

(LECTURE A VUE)

ÉCOLE DE GARÇONS, 75, RUE D'ALÉSIA (14e Arr.)

Catégorie des Harmonies

2e DIVISION — 1re SECTION

GROUPE B

Jury : MM. MAUZIN. *président ;* J. BAGGERS ; TRACOL, *secrétaire.*

Commissaire désigné par l'Administration : M. Fagault.

1er Prix : 250 francs.

2e Prix : une couronne vermeil.

3e Prix : une palme —

SOCIÉTÉS

No	Sociétés	Villes	Exéc.	Directeurs
1	Harmonie Eintracht.	Mulhouse (Alsace).	54	P. Breitwieser.
2	Harmonie de La Guerche.	La Guerche (Ille-et-Vil.)	61	E. Chaumet.
3	Harmonie de Meursault.	Meursault (Côte-d'Or).	43	Muller.
4	Harmonie Orpheus.	Tilburg (Hollande).	50	J.-L. Kroes.
5	Association artistique.	Oran (Algérie).	61	N. Bellanger.
6	Harmonie Kronenburg.	Kronenburg (Alsace).	37	Otto Krümmel
7	Société musicale de St-Dyé.	St. Dyé (Loir-et-Cher).	40	A. Hurtault.

Concours n° 92

Catégorie des Harmonies

2e DIVISION — 2e SECTION

Jury : MM. DESGRANGES, *président ;* H. SAILLER ; CHEVAIS, *secrétaire.*

Commissaire désigné par l'Administration : M. JACQUEMIN.

1er **Prix** : **200 francs.**

2e **Prix** : une couronne vermeil.

3e **Prix** : une palme   —

4e **Prix** : une plaquette.

SOCIÉTÉS

No	Sociétés	Villes	Exéc.	Directeurs
1	Harmonie des Aciéries.	Mont-St-Martin (M.-&-M)	83	Nauvelaers.
2	Harmonie Chaumontaise.	Chaumont (Hte-Marne).	51	Gachon.
3	Union musicale.	Lagny (Seine-et-Marne).	61	Herr.
4	Harmonie de Bessières.	Bessières (Hté-Garonne).	52	L. Vignals.
5	Harmonie l'Avenir.	Thezan-les-Béziers (Hér.)	44	C. Ain.
6	Harmonie Fougeraise.	Fougères (Ille-et-Vil.)	57	Roussel.
7	La Lorraine.	Hayange (Alsace).	42	A. Lejeune.
8	Harmonie municipale.	Beaufay (Sarthe).	39	A. Tuffier
9	Harmonie municipale.	Differdange (Luxembourg)	63	B. Crochet.
10	Lyre Bolbecaise.	Bolbec (Seine-Inférieure).	50	C. Defrene.
11	L'Accord Parfait.	Sèvres (Seine-et-Oise).	45	Barrellier.

Concours spécial

des Sociétés de Paris et du département de la Seine

1er **Prix** : **100 francs.**

2e **Prix** : une palme vermeil.

2e DIVISION — 2e SECTION

1	Les Amis réunis du XVIIIe.	Paris.	40	Laplace.
2	Harm. des Établis. B.R.C.	Paris.	40	Patapy.

Concours n° 93

(LECTURE A VUE)

ÉCOLE DE GARÇONS, 20, RUE ALFRED-DE-MUSSET

(16e Arr.)

Catégorie des Harmonies

3e DIVISION — 1re SECTION

GROUPE A

Jury : MM. AUZENDE, *président* ; HAUCHARD, ASTIER, secrétaire.

Commissaire désigné par l'Administration : M. FOREST.

1er Prix : **150 francs.**

2e Prix : une couronne vermeil.

3e Prix : une palme vermeil.

SOCIÉTÉS

No	Sociétés	Villes	Exéc.	Directeurs
1	Harmonie municipale.	Aire-s.-la-Lys (P.-de-C.)	56	Hennion.
2	La Jeune Ardennaise.	Les Htes-Rivières (Ard.)	45	J.-B. Barré.
3	Harmonie.	St-Sauveur (Somme).	38	E. Gaudefroy.
4	Harmonie.	Montdidier (Somme).	45	Tresch Oswald.
5	Harmonie de Neudorf.	Strasbourg (Alsace).	35	E. Bauer.
6	La Fraternelle.	Escaud-d'Œuvres (Nord).	58	A. Ségard.
7	Société Philharmonique.	St-Michel-en-Lherm (V.).	43	P. Gouin.
8	Harmonie de Bourgoin.	Bourgoin (Isère).	61	J. Mazuir.
9	Sainte-Cécile de Villedieu.	Villedieu-l.-Poêles(Manche)	48	Peyré.

Concours spécial

des Sociétés de Paris et du département de la Seine

1er Prix : **100 francs.**

2e Prix : une palme vermeil.

1	Harm. l'Orphel. des P.T.T. Paris.		60	Leuliet.
2	Harm. de la Goutte d'Or. Paris.		50	L. Fournier.

Concours n° 94

(LECTURE A VUE)

ÉCOLE DE GARÇONS,
58, RUE PHILIPPE-DE-GIRARD (18ᵉ Arr.)

Catégorie des Harmonies

3ᵉ DIVISION — 1ʳᵉ SECTION

GROUPE A

Jury : MM. REINE, *président ;* L. GAUTIER ; CAPLET, *secrétaire.*

Commissaire désigné par l'Administration : M. DE FÉLIX.

1ᵉʳ Prix : **150** francs.

2ᵉ Prix : une couronne vermeil.

3ᵉ Prix : une palme   —

SOCIÉTÉS

Nº	Sociétés	Villes	Exéc.	Directeurs
1	Harm. Républicaine.	Villeneuve-l.-Béziers (H.)	35	Dô Joseph.
2	Union musicale.	Lesparre (Gironde).	42	Ch. Coquemer.
3	L'Indépendante.	Brassac-l-Mines (P.-de-D)	49	Grenouillet.
4	Harmonie Union.	Rosheim (Alsace).	30	L. Roos.
5	La Concorde.	Angleur (Belgique).	55	E. Franck.
6	Société Philharmonique.	Arcis-s-Aube (Aube).	56	E. Mugot.
7	Harmonie municipale.	Chamonix (Hte-Savoie).	39	Thiry.
8	Harmonie municipale.	Nay (Basses-Pyrénées).	56	Capdebosc.

Concours n° 95
(LECTURE A VUE)
ÉCOLE DE FILLES, 2, RUE DES BOIS (19e Arr.)

Catégorie des Harmonies
3ᵉ DIVISION — 2ᵉ SECTION

Jury : MM. GILLET, *président ;* O. DEVOOS; DÉJEAN, *secrétaire.*
Commissaire désigné par l'Administration : M. TRIBOULET.

1ᵉʳ Prix : **100** francs.

2ᵉ Prix : une couronne vermeil.

3ᵉ Prix : une palme —

4ᵉ Prix : une plaquette.

SOCIÉTÉS

Nᵒ	Sociétés	Villes	Exéc.	Directeurs
1	Les Enfants de l'Avenir	St Xandre (Charente-Inf)	37	Ph. Bibard.
2	Harmonie municipale.	Beaumont (S.-et-O.)	62	Depesseville.
3	Harmonie municipale.	Vatan (Indre).	35	V. Ecroy.
4	La Lyre Spinalienne.	Champ-du-Pin (Vosges).	36	A. Géhin.
5	Concordia.	Rombas (Alsace).	32	M. Becker.
6	Lyre de Cherbourg.	Cherbourg (Manche).	33	Morel.
7	Harmonie municipale.	Sains-en-Amiénois (Som.)	33	Mercier.

Concours spécial n° 96
des Sociétés de Paris et du département de la Seine
(*même local, même jury*)

1ᵉʳ Prix : **75** francs.

2ᵉ Prix : une plaquette.

1	Harmonie des Fêtes de Paris.	Paris.	50	Bourrillon.

SECTION SPÉCIALE
Prix spécial : une couronne vermeil grand module.

2	Harm. de l'École prim. sup	Marcigny-sur-Loire	52	Legouët.

Concours n° 97

(LECTURE A VUE)

ÉCOLES DE FILLES, 7, RUE HUYGHENS (14e Arr.)

Catégorie des Fanfares

DIVISION D'EXCELLENCE

Jury : MM. BACHELET, *président ;* F. CASADESSUS, DELFOSSE, BONVOUST, R. PRÉVOST, CASANOVA ; LAVAGNE, *secrétaire.*

Commissaire désigné par l'Administration : M. MULIN.

1er Prix : 800 francs.

2e Prix : une couronne vermeil grand module.

3e Prix : une palme   —   —

SOCIÉTÉS

No	Sociétés	Villes	Exéc.	Directeurs
1	Société mus. des Fondeurs.	Port-Brillet (Mayenne).	104	J. Cossé.
2	Batley Old Band.	Batley (Angleterre).	24	A. Gray.
3	De Ware Vrienden.	Anvers (Belgique).	98	Vanhavenberg.
4	Luton Red Cross Brass. Band.	Luton (Angleterre).	26	W. Halliwell.
5	Les Chasseurs du Tilleul.	Maubeuge (Nord).	123	A. Paimparé.
6	Spencers Steel Works.	Newburn (Angleterre).	30	Ch. Ward.
7	Société royale de Seraing.	Seraing (Belgique).	120	D. Vivegnes.
8	de Brœderband.	Anvers (Belgique).	101	Fr. Van Dyck.

Concours spécial

des Sociétés de Paris et du département de la Seine

1er Prix : 500 francs.

2e Prix : une couronne vermeil gr. module.

1	La Sirène.	Paris.	138	L. Millet.
2	Fanfare Boulonnaise.	Boulogne.	97	Charbonneau.

Concours n° 98

(LECTURE A VUE)

ÉCOLE DE GARÇONS

35, RUE GODEFROY-CAVAIGNAC (11e Arr.)

Catégorie des Fanfares

DIVISION SUPÉRIEURE

Jury : MM. F. Le Borne, *président ;* Morfaux, Chauvet, Couillaud; Mary, *secrétaire.*

Commissaire désigné par l'Administration : M. Gagain.

1er Prix : **500 francs.**

2e Prix : une couronne vermeil grand module.

3e Prix : une palme — —

SOCIÉTÉS

N°	Sociétés	Villes	Exéc.	Directeurs
1	Fanfare de Limoges.	Limoges (Hte-Vienne).	82	Puybarraud.
2	Houghton Main Colliery.	Wombrœll (Angleterre).	24	W. Halliwell.
3	Fanfare Riva-Bella.	Riva-Bella (Calvados).	40	E. Lebrasseur.
4	Fanfare Libre.	Vernon (Eure).	55	Couvrechef.
5	Fanfare de Dijon.	Dijon (Côte-d'Or).	74	Em. Guy.
6	Fanfare Viennoise.	Blois (Loir-et-Cher).	78	M. Moreau.
7	Dannemora Steel Works.	Sheffield (Angleterre).	25	R. Richford.

Concours n° 99

(LECTURE A VUE)

ÉCOLE DE GARÇONS, 19, RUE DE L'ARBRE-SEC
(1er Arr.)

Catégorie des Fanfares

1re DIVISION — 1re SECTION

Jury : MM. E. COOLS, *président ;* LAUGA ; THONY, *secrétaire.*
Commissaire désigné par l'Administration : M. HENRY.

1er Prix : **500** francs.

2e Prix : une couronne vermeil.

3e Prix : une palme vermeil grand module.

SOCIÉTÉS

N°	Sociétés	Villes	Exéc.	Directeurs
1	Fanfare Mussou.	La Garde (Var).	56	Castellan.
2	Fanfare de Noailles.	Bourg (Oise).	55	Boulanger.
3	Les Attractionnistes.	Dax (Landes).	45	H. Lubet.
4	Fanfare Libre.	Mayenne (Mayenne).	60	P. Refraignet.
5	Société musicale.	Cestas (Gironde).	44	F. Delugin.
6	Woodlands Village.	Brodworth (Angleterre).	25	Ch. Shelluson.
7	Les Enfants d'Apollon.	Pons (Charente-Inf.)	42	L. Large.
8	Castleford Subscription.	Castleford (Angleterre).	28	J.-W. Stamp.

Concours spécial

des Sociétés de Paris et du département de la Seine

1er Prix : **300** francs.

2e Prix : une couronne vermeil.

1	Société musicale des Usines de la Sté E.C.F.M.	Gennevilliers.	67	G. Tourneur.

Concours nº 100

(LECTURE A VUE)

ÉCOLE DE GARÇONS, 44, RUE DES JEUNEURS
(2e Arr.)

Catégorie des Fanfares

Ire DIVISION — 2e SECTION

Jury : MM. G. PAULIN, *président ;* MONGELARD ; MASSARD, *secrétaire.*

Commissaire désigné par l'Administration : M. VASSEUR.

Ier Prix : 300 francs.

2e Prix : une couronne vermeil.

3e Prix : une palme vermeil grand module.

SOCIÉTÉS

Nº	Sociétés	Villes	Exéc.	Directeurs
1	Fanfare Ouvrière.	Dour (Belgique).	104	C. Louys.
2	Fanfare des Fondeurs.	Ste-Jamme-sur-Sarthe.	66	S. Dabouineau.
3	Fanfare des Vignerons.	St.-Claude de Diray (Loir-et-Cher).	47	A. Fleury.
4	Fanfare des Tréfileurs.	Mussy-sur-Seine (Aube).	40	Lefebvre.
5	Bolton Victoria Hall.	Bolton (Angleterre).	27	H. Bennett.

Concours spécial

des Sociétés de Paris et du département de la Seine

Ier Prix : 250 francs.

2e Prix : une couronne vermeil.

1	Union musicale.	Issy-les-Moulineaux.	51	Pénet.
3	L'Avenir de Montmartre.	Paris.	45	E. Parent.

Concours n° 101

(LECTURE A VUE)

ÉCOLE DE FILLES, 14, RUE VOLTA (3e Arr.)

Catégorie des Fanfares

2ᵉ DIVISION — 1ʳᵉ SECTION

GROUPE A

Jury : MM. Perpignan, *président ;* Brédy ; J. Delaunay, secrétaire.

Commissaire désigné par l'Administration : M. Gigauet.

1ᵉʳ Prix : **250** francs.

2ᵉ Prix : une couronne vermeil.

3ᵉ Prix : une palme —

SOCIÉTÉS

Nₒ	Sociétés	Villes	Exéc.	Directeurs
1	Camden Unity.	Londres (Angleterre).	28	H.-W. Crane.
2	Fanfare municipale.	Sin-le-Noble (Nord).	72	H. Roire.
3	Indépendante.	La Talaudière (Loire).	54	J. Delorme.
4	Société Musicale Libre.	Hermes (Oise).	44	Debrie.
5	La Châtelleraudaise.	Châtellerault (Vienne).	46	A. Vivier.
6	Fanfare.	Ruffey-l.-Echirey (C.d'Or)	34	P. Durand.
7	Fanfare municipale.	La Chapelle-aux-Pots (O.)	43	Destailleurs.

Concours n° 102

(LECTURE A VUE)

ÉCOLE DE GARÇONS, 21, RUE DES TOURNELLES

(4e Arr.)

Catégorie des Fanfares

2e DIVISION — 1re SECTION

GROUPE B

Jury : MM. L. POUJADE, *président ;* P. DESTOMBES ; LA-LANNE, *secrétaire.*

Commissaire désigné par l'Administration : M. PUISSANT.

1er Prix : **250 francs.**

2e Prix : une couronne vermeil.

3e Prix : une palme ——

SOCIÉTÉS

N°	Sociétés	Villes	Exéc.	Directeurs
1	Fanfare.	Pibrac (Hte-Garonne).	44	M. Granadel.
2	Fanfare d'Etupes.	Etupes (Doubs).	51	C. Doriot.
3	Horden Colling Silver Band	Horden (Angleterre).	26	Edw. Coltman.
4	Fanfare des Vignerons.	Asnières-l.-Bourges (Cher)	40	H. Petit.

Concours n° 103

(LECTURE A VUE)

ÉCOLE DE GARCONS, 27, RUE DE POISSY (5e Arr.)

Catégorie des Fanfares

2e DIVISION — 2e SECTION

Jury : MM. NÉRINI, *président ;* BERNARD ; MASSARDO, *secrétaire.*
Commissaire désigné par l'Administration : M. BRAILLY.

1er Prix : 200 francs.
2e Prix : une couronne vermeil.
3e Prix : une palme ——
4e Prix : une plaquette.

SOCIÉTÉS

Nº	Sociétés	Villes	Exéc.	Directeurs
1	Fanfare de Vouillé.	Vouillé (Vienne).	35	A. Godu.
2	La Vigneronne Indépend.	Essommes-s-Marne (Aisne).	36	H. Papelard.
3	Musique municipale.	Vervins (Aisne).	57	H. Gobeaux.
4	Union harmonique.	Barbaste (Lot-et-Gar.)	46	L. Duffaure.
5	Union musicale.	Claye-Souilly (S.-et-M.)	35	Baillon.
6	Fanfare l'Avenir.	Monceau-l.-Mines (S.-et-L.)	54	F. Ailliot.
7	Société musicale.	Bellegarde (Ain).	44	C. Goyot.
8	Fanfare des Aciéries.	Unieux (Loire).	40	Monnier.
9	Union musicale.	Angers (M.-et-L.).	47	Englebert.
10	L'Avenir.	Loupoigne (Belgique).	40	A. Heilier.

Concours n° 104

(LECTURE A VUE)

ÉCOLE DE FILLES, 85, RUE DE VAUGIRARD

(6e Arr.)

Catégorie des Fanfares

3e DIVISION — 1re SECTION

GROUPE A

Jury : MM. F. de LÉRY, *président ;* SOULOUNIAC ; GIROD, secrétaire.

Commissaire désigné par l'Administration : M. LANDURIE.

1er Prix : **150** francs.

2e Prix : une couronne vermeil.

3e Prix : une palme

SOCIÉTÉS

No	Sociétés	Villes	Exéc.	Directeurs
1	Fanfare de l'Ec. normale.	Caen (Calvados).	38	Brousse.
2	Fanfare Faubourg St-Pierre.	Amiens (Somme).	44	Mager.
3	Fanfare.	Prouilly (Marne).	29	Rochette.
4	Fanfare.	Saulx-l-Chartreux (S.-O.)	33	E. Caumont.
5	Les Enfants d'Aiguillon.	Aiguillon (Lot-et-Gar.)	42	D. Andrieu.
6	Fanfare.	Dun-sur-Auron (Cher).	43	L. Pautrat.
7	Fanfare municipale.	Vignacourt (Somme).	33	Fertel.

Concours n° 105

(LECTURE A VUE)

ÉCOLE DE FILLES, 14, RUE ÉBLÉ (7e Arr.)

Catégorie des Fanfares

3e DIVISION — 1re SECTION

GROUPE B

Jury : MM. FAUTHOUX, *président ;* COYAUX ; ALEXANDRE ROCHETTE, *secrétaire.*

Commissaire désigné par l'Administration : M. ETEVON.

1er Prix : **150** francs.

2e Prix : une couronne vermeil.

3e Prix : une palme —

SOCIÉTÉS

N°	Sociétés	Villes	Exéc.	Directeurs
1	Fanfare municipale.	Egry (Loiret).	38	A. Millet.
2	Société musicale.	Seurre (Côte-d'Or).	35	A. Martinot.
3	Wandworth Borough.	Wandworth (Anglet.).	26	W. Heath.
4	L'Avenir musical.	Demuin (Somme).	29	M. Lhermitte.
5	Fanfare municipale.	Saint-Sauveur (Oise).	34	R. Regnault.
6	Société musicale.	Parentis-en-Born (Landes)	48	F. Tassine.

Concours n° 106

(LECTURE A VUE)

ÉCOLE MATERNELLE, 4, RUE PORTALIS (8e Arr.)

Catégorie des Fanfares

3ᵉ DIVISION — 1ʳᵉ SECTION

GROUPE C

Jury : MM. BARTHÉLEMY, *président ;* ALBERT ARNAUD ;
WILMOTE, *secrétaire.*

Commissaire désigné par l'Administration : M. LAFABRÈGUE.

1ᵉʳ Prix : **150** francs.

2ᵉ Prix : une couronne vermeil.

3ᵉ Prix : une palme   —

SOCIÉTÉS

Nº	Sociétés	Villes	Exéc.	Directeurs
1	Great Central et Metropol.	Londres (Angleterre).	24	R. Moore.
2	Fanfare.	Vassy (Hte-Marne).	36	A. Mathieu.
3	Lyre Chaumerande.	Longchaumois (Jura).	33	R. Prost.
4	Fanfare municipale.	Dizy-Magenta (Marne).	48	E. Marcou.
5	Fanfare de la Poudrerie.	St-Médard-en-Jalles (Gir.)	33	Fr. Maurice.
6	Fanfare municipale.	Mardeuil (Marne).	36	G. Bournon.

Concours n° 107

(LECTURE A VUE)

ÉCOLE ÉLISA-LEMONNIER, 24, RUE DUPERRÉ
(9e Arr.)

Catégorie des Fanfares

3e DIVISION — 2e SECTION

GROUPE A

Jury : MM. C. DECREUS, *président ;* FOURNIER ; FOUACHE, *secrétaire.*
Commissaire désigné par l'Administration : M. PITON.

1er Prix : **100** francs.
2e Prix : une couronne vermeil.
3e Prix : une palme —
4e Prix : une plaquette.

SOCIÉTÉS

N°	Sociétés	Villes	Exéc.	Directeurs
1	Fanfare.	Gazeran (S.-et-O.)	25	F. Héron.
2	Le Réveil musical.	Channay (Indre-et-Loire).	32	A. Ribassin.
3	La Vigneronne.	Trigny (Marne).	24	M. Marion.
4	Union musicale.	La Ferté-Loupierre (Yon.)	34	W. Bernard.
5	Fanfare des Verreries.	Bar-sur-Seine (Aube).	40	M. Andraud.
6	Les Amis réunis.	Revin (Ardennes).	37	F. Lugand.
7	Fanfare.	Nemours (S.-et-M.)	35	A. Petit.
8	Union musicale.	St-Romain de Colbosc (S.-I.)	28	G. Lebrun.
9	Les Amis de l'Agriculture.	Verrières-l-Buissons (S-O)	39	L. Ulrich.

Concours n° 108

(LECTURE A VUE)

ÉCOLE DE FILLES, 16, RUE VICQ-D'AZIR (10e Arr.)

Catégorie des Fanfares

3e DIVISION — 2e SECTION

GROUPE B

Jury : MM. L. Lévy, *président ;* Tenroc ; Brousse, *secrétaire.*
Commissaire désigné par l'Administration : M. Dupré.

1er Prix : 100 francs.

2e Prix : une couronne vermeil.

3e Prix : une palme —

4e Prix : une plaquette.

SOCIÉTÉS

Nᵒ	Sociétés	Villes	Exéc.	Directeurs
1	Union Witellienne.	Vitteaux (Côte-d'Or).	34	Lefol.
2	Lyre Beaumontoise.	Beaumont-de-L. (T.-et-G)	35	Carrié.
3	Fanfare.	Havrincourt (P.-de-C.)	49	E. Varret.
4	Union ouvrière.	Pâlis (Aube).	23	E. Dupuis.
5	Union musicale.	Porcieu-Amblagnieu (Is.)	39	P. Thollon.
6	Fanfare.	Bigadan (Gironde).	32	Gueyne.
7	Lyre Auvillaraise.	Auvillars (Tarn-et-Gar.)	25	J. Pérès.
8	La Renaissante.	St-Hilaire-le-Grand (Marne)	30	A. Valmy.
9	La Lyre ouvrière.	Beuvardes (Aisne).	29	E. Lamy.

— 121 —

Concours n° 109

(LECTURE A VUE)

ÉCOLE DE GARÇONS, 10, RUE KELLER (11e Arr.)

Catégorie des Fanfares

3e DIVISION — 2e SECTION

GROUPE C

Jury : MM. Bretonneau, *président ;* Hureau ; Kircher, *secrétaire.*

Commissaire désigné par l'Administration : M. Chassaigne.

1er Prix : **100** francs.

2e Prix : une couronne vermeil.

3e Prix : une palme —

SOCIÉTÉS

N°	Sociétés	Villes	Exéc.	Directeurs
1	Fanfare.	Ailly-s-Somme (Somme).	31	Marie Caron.
2	Musique municipale.	Mers-les-Bains (Somme).	37	Myr.
3	Union musicale.	St-Marcel (S.-et-L.)	55	E. Petiot.
4	Fanfare.	Volnay (Côte-d'Or).	27	E. Pillot.
5	Société musicale.	Izieux (Loire).	43	A. Carteron.
6	Fanfare Fontaine Daniel.	St-Georges-Buttavent (Mayenne).	34	E. Bouvier.
7	L'Espérance.	Venteuil (Marne).	27	H. Hennequin.
8	Société musicale.	Les Gras (Doubs).	32	P. Garnache.

Concours n° 110

(LECTURE A VUE)

ÉCOLE DE GARÇONS, 39, RUE DE REUILLY
(12e Arr.)

Catégorie des Fanfares
3e DIVISION — 3e SECTION

GROUPE A

Jury : MM. A. DELGRANGE, *président ;* MASSPACHER ; CHIVERT, *secrétaire.*

Commissaire désigné par l'Administration : M. MUSSET.

1er Prix : **75 francs.**

2e Prix : une palme vermeil.

3e Prix : une plaquette.

SOCIÉTÉS

N°	Sociétés	Villes	Exéc.	Directeurs
1	Fanfare.	Savières (Aube).	32	A. Rivière.
2	L'Avenir.	Neuilly-le-Réal (Allier).	29	Courtinat.
3	Fanfare.	Courseulles-s-Mer (Calv.)	38	H. Warnier.
4	Fanfare.	Kopstal (Luxembourg).	32	Renson.
5	Union musicale.	Toulon-s-Allier (Allier).	26	Vidal.
6	Union musicale.	La Motte-Servolex (Sav.)	33	P. Landry.
7	Fanfare.	Pin-l'Emagny (H.-Saône).	21	E. Fardeau.
8	Fanfare municipale.	Souvigné (Ind.-et-Loire).	23	

Concours n° 111

Catégorie des Fanfares

3e DIVISION — 3e SECTION

GROUPE B

Jury : MM. COURTADE, président ; DUBRUILLE ; J. DEL-GRANGE, secrétaire.

Commissaire désigné par l'Administration : M. PELTIER.

1er Prix : 75 francs.

2e Prix : une palme vermeil.

3e Prix : une plaquette.

SOCIÉTÉS

N°.	Sociétés	Villes	Exéc.	Directeurs
1	Union musicale.	Tricot (Oise).	26	Cabart.
2	Les Amis réunis.	Lucenay (Rhône).	23	Tallon.
3	L'Echo d'Uriage.	St-Martin (Isère).	31	F. Ravet.
4	Société lyrique.	St-Remy-s-Duro. (P.d.O)	22	Barge.
5	Fanfare municipale.	Flavacourt (Oise).	21	Socrate Bass.
6	Société lyrique.	Combronde (P.-de-O.)	24	A. Brun.
7	Fanfare municipale.	St-Jul. Molin-Molette (L.)	25	J. Audouard.

Concours n° 112

(LECTURE A VUE)

ÉCOLE DE FILLES, 1, RUE CROCÉ-SPINELLI
(14e Arr.)

Catégorie des Fanfares
3e DIVISION — 3e SECTION
GROUPE C

Jury : MM. KERRION, *président* ; LEMAIRE ; MATHIEU, *secrétaire.*

Commissaire désigné par l'Administration : M. BOUDON.

1er Prix : **75 francs.**

2e Prix : une palme vermeil.

3e Prix : une plaquette.

SOCIÉTÉS

No	Sociétés	Villes	Exéc.	Directeurs
1	Fanfare municipale.	Veules-l-Roses (S.-Inf.)	25	L. Denoyer.
2	Fanfare municipale	Poix (Somme).	26	E. Poiret.
3	Lyre du Vent d'Antan.	St-Fél. de Caraman (H.G.)	30	P. Bigorre.
4	Fanfare.	Bienville (Hte-Marne).	24	P. Chompret.
5	Union de la Vallée.	Eysin-Pinet (Isère).	30	Janin.
6	Les Enfants de la France.	St-Sandoux (Puy-de-D.)	25	Morel-Brissolette

Concours n° 113

(LECTURE A VUE)

ÉCOLE DE GARÇONS, 10, RUE SAINT-LAMBERT

(15e Arr.)

Catégorie des Fanfares

3e DIVISION — 3e SECTION

GROUPE D

Jury : MM. DEPRIMOZ, *président* ; BAZELAIRE ; RIBIER, *secrétaire.*

Commissaire désigné par l'Administration : M. DEMARSEILLE.

1er Prix : 75 francs.

2e Prix : une palme vermeil.

3e Prix : une plaquette.

SOCIÉTÉS

N°	Sociétés	Villes	Exéc.	Directeurs
1	L'Avenir.	Bivery (Belgique).	48	A. Deneufbourg
2	North London Excelsior.	Londres (Angleterre).	26	J.-W. Pursglove
3	Fanfare.	Mesnil-Théribus (Oise).	30	A. Dubus.
4	Société philarmonique.	Marchais (Aisne).	25	Lecointe Dollé.
5	Société musicale.	Nantua (Ain).	34	L. Barbier.
6	Shoredish Borough.	Londres (Angleterre).	24	R. S. Aldons.

Concours n° 114

(LECTURE A VUE)

ÉCOLE DE GARÇONS, 6, RUE LECOMTE (17e Arr.)

Catégorie des Fanfares

3e DIVISION — 3e SECTION

GROUPE E

Jury : MM. DEBLAIVE, *président ;* ADAMY ; SAURALY, *secrétaire.*

Commissaire désigné par l'Administration : M. LAUNAY.

1er Prix : 75 francs.
2e Prix : une palme vermeil.
3e Prix : une plaquette.

SOCIÉTÉS

N°	Sociétés	Villes	Exéc.	Directeurs
1	Fanfare.	Thieulloy-l'Abb. (Som.)	20	Ranson.
2	La Persévérance.	Thuillies (Belgique).	56	F. Bertouille.
3	Fanfare.	Jambles (Saône-et-L.)	18	Vachet-Pandrey
4	La Fraternelle.	Blignies (Aube).	18	A. Pochet.
5	Union musicale.	Laon (Aisne).	54	L. Morel.
6	Union musicale.	Gipry-pr.-l'Orblz (S.et.L.)	28	G. Desjardin.
7	Sainte-Cécile.	Dompierre (Somme).	25	Parin.
8	Fanfare municipale.	Montcornet (Aisne).	26	G. Carlès.

VILLE DE PARIS

Concours International de Musique
(26 27. 28 Mai 1912)

DIPLOME

décerné à

prix

Le Président du Jury.   Les Membres du Jury.

www.ingramcontent.com/pod-product-compliance
Lightning Source LLC
Chambersburg PA
CBHW071810090426
42737CB00012B/2028